Gottfried Schleinitz

Shlomi findet Worte

worte würden wahrheit wecken
wenn worte wieder werte wiegen

worte würden wirklich werden
wenn worte wieder weisheit wagen

worte würden welten wenden
wenn worte wieder wandlung wollen

Gottfried Schleinitz

Shlomi findet Worte

Bibliografische Information der Deutschen Nationalbibliothek:
Die Deutsche Nationalbibliothek verzeichnet diese Publikation
in der Deutschen Nationalbibliografie; detaillierte bibliografische Daten
sind im Internet über dnb.dnb.de abrufbar.

c/o Förderverein Gemeindeaufbau der Evangelisch-Lutherischen
Gnadenkirchgemeinde Leipzig-Wahren e.V.,
Rittergutsstraße 2, D-04159 Leipzig

Lektorat: Andrea Cramer, Leipzig
Gestaltung: Ulrike Weißgerber, Leipzig

Herstellung und Verlag:
BoD – Books on Demand, Norderstedt

ISBN 978-3-7528-5672-9

Inhalt

meinem zwilling
in seinem
jubiläumsjahr
2018

„Shlomi" heißt meine ziemlich besondere Freundin. Sie kennt meine Erinnerungen ebenso gut wie meine Hoffnungen, kennt mein Ich und mein Du, fordert mich heraus und bringt mich an Orte, wo sie mir Worte zeigt, die mit der Welt und mit Gott und mit mir zu tun haben. Und sie freut sich, wenn Leserinnen und Leser Verwandtschaften entdecken. Anlass zu diesen Reisen der etwas anderen Art ist das Ende vom Ende 1945. Ereignisse, die nun schon siebzig Jahre zurückliegen und die meine besondere Freundin einfach nicht vergessen kann:

Einschulung:
Mit Hakenkreuzen und gelben Fahnen.
Beim Bäcker:
Das nächste Mal „Heil Hitler", sonst gibt's nix.
Nachbarn:
Morgen zieh'n wir um (Judenkinder von nebenan,
vom KZ erfuhren wir erst später).
Glück im Unglück:
Die Bombe bleibt im Treppenhaus stecken.
Verführte Wünsche:
Mal auf einem richtigen Panzer sitzen.
Ein Päckchen mit Kennmarke und Käppi:
Alles, was vom Bruder übrigblieb.
Gut, dass sie danebenschießen:
Tiefflieger über uns.
Spielsachen:
Wer hat die „schönsten" Bombensplitter.
Die etwas andere Brotzeit:
Sechs Stunden anstellen und dann endlich Brot.
Besonders niedlich:
Ratten in den Trümmern als niedliche Spielgefährten.
Eigentlich logisch:
Nie wieder!

Nun kommen Sie einfach mit. Wo die Reise beginnt, entscheiden Sie bitte selbst.

In Ägypten, Italien oder Spanien. In der Türkei oder auf dem Ärmelkanal. In Dänemark, Irland oder Frankreich. In Ungarn, Österreich, Schottland, Portugal oder Wales. Oder in Deutschland!

Alles ist authentisch – Orte, Texte, Zeitgenossen.

Alles im Zusammenhang – mit der tiefen Sehnsucht nach SCHALOM.

Ägypten

Shlomi mag Tarek

Wie oft war Shlomi schon in Ägypten! Noch immer hat sie dorthin Sehnsucht. Trotz aller politischen Unwägbarkeiten. Trotz aller Gefahren. Trotz ihres hohen Alters.

Aber warum? Sie mag Kairo und Abydos, Assuan und Alexandria, den Blick über den Suezkanal zur Sinaihalbinsel und Abu Simbel am Großen Nasser-See im tiefen Süden. Sie mag Wüsten und Oasen, uralte Tempel und geheimnisschwere Museen. Sie mag die heißen Tage, auch wenn das Thermometer 53° C anzeigt. Wenn genug Wasser im Gepäck ist, versteht sich. Und sie mag die kalten Nächte in der Wüste unter dem herrlichen Sternenhimmel. Mit den wunderbaren kleinen Wüsten-füchsen auf Du und Du und auf Augenhöhe.

Und sie mag Tarek. Ein einzigartiger Mensch. Mit seiner hübschen Frau an seiner Seite. Die beiden niedlichen Kinder sind inzwischen mehr als herangewachsen. Was mag aus ihnen werden? In einer Heimat voller Gegensätze, mit einer fragwürdigen Zukunft, mit so manchen sozialen Verwerfungen.

Shlomi kennt Tarek. Sein Zuhause und seine Arbeit, seine Art und viele seiner Gedanken. Shlomi kennt Kairo. Ein wenig freilich nur. Tarek hat ihr diese Zwanzigmillionenstadt „lieb und wert" gemacht. Wo Touristen nur selten hinkommen, war er mit ihr unterwegs. Das Essen hat auch immer gut geschmeckt, selbst wenn Hühner zwischen den Tellern schon etwas gewöhnungsbedürftig waren. Und die Umarmungen der interessanten Menschen waren echt, auch wenn zunächst alles oft unerwartet fremd erschienen ist.

Unvergesslich die Fahrt mit dem Jeep auf einer gefährlich holprigen Piste zu den alten Alabasterminen unweit des teilweise ausgegrabenen Amarna. Hin- und Rückfahrt ein intensives Erlebnis. Wieder und wieder der aufgewirbelte Sand auf der schweißnassen Haut und das ewige Flim-mern der heißen Luft, wohin das Auge schaut. Arbeiten in den Minen müssen grenzwertige Strapazen gewesen sein.
Und genau dort, auf dem Grund einer solchen Mine, findet Shlomi Worte. Wie sich herausstellt, sind es ziemlich grundlegende Worte. Worte vom Lebens-Grund und von Lebens-Begründung.

Kommunikation bedeutet Verbindung, Zusammenhang, Mitteilung, Teilnahme, Gemeinschaft. Kommunikation ist die unbewusste oder bewusste, zufällige oder gewollte Beziehung zwischen einzelnen Menschen, zwischen Gruppen und innerhalb einer Gemeinschaft. Kommunikation ist das durchgängige Thema in den verschiedensten Geschichten der Bibel. Kommunikationsprobleme haben ihre Wurzeln in Beziehungsstörungen (Sündenfall, Brudermord, Sintflut, Turmbau, Dekalog, Bergpredigt, Abendmahl, Urgemeinde).

Am Anfang war Kommunikation.
Mit diesem Wort – wohlgemerkt zunächst nur das Wort! – geschieht in unserer Zeit zweierlei: Entweder erfreut es sich einer geradezu unvergleichlichen Konjunktur oder es erleidet eine ebenso unvergleichliche Inflation.
Am Anfang von Leben ist die Kommunikation mit der Um-Gebung. Menschen werden in ein Vor-Gegebenes hineingeboren. In ein System von Personen und Gegenständen, in ein System von Gewohnheiten (was Berührung und Sprache, was Zuwendung und Gestik betrifft), in ein System mit einer bestimmten Vergangenheit. Und schon das Klima (in mehrfachem Sinn!) ist Teil der Um-Gebung, mit der ein Mensch von Beginn der Zeugung an (!) kommuniziert.
Am Anfang von Liebe ist die Kommunikation der Sinne. Liebe ist – zunächst – ein doppelt wahrgenommenes Kommunikations-Bedürfnis. Vom Du zum Ich. Vom Ich zum Du. Liebe ist dann vor allem die praktizierte Balance zwischen erwarteter und gewährter Kommunikation. Liebe ist schließlich bereits die Sehnsucht nach Kommunikation, erst recht Wiederherstellung von Kommunikation und nicht selten notwendige Korrektur von Kommunikation.
Am Anfang von Freundschaft ist die Kommunikation der Sympathien. Sinngemäß gelten alle Beschreibungen von Kommunikation zwischen Liebenden auch für die zwischen Freunden.
Am Anfang von Glauben ist die Kommunikation mit dem ganz Anderen außer mir selbst. Zunächst vielleicht nur eine Ahnung von jener

Realität. Dann der Versuch einer Annäherung an sie. Schließlich ihre ebenso intime wie individuelle Gestaltung. In dieser Kommunikation wird erkannt und erlebt, wie ohne positive gegenseitige Abhängigkeit keine Kommunikation gelingen kann.

Am Anfang von Hoffnung ist die Kommunikation mit Zukunft. Es ist typisch menschlich, dass er mit dem kommuniziert, was noch nicht ist. Spätestens an dieser Stelle ist deutlich, dass eine Kommunikation immer zu tun hat mit Auseinandersetzung. Wenn ich mich nicht öffne für die Zukunft, wird Zukunft (also etwas, was auf mich zukommen wird und will) mich nicht erreichen können. Transformiert auf die Gegenwart bedeutet das: Wenn ich mich nicht öffne für die Menschen in meinem Lebens- und Arbeitskreis, wird Kommunikation mit ihnen nicht realisierbar sein.

Am Anfang von Gemeinde ist Kommunikation. Gemeinde ist nicht die Verwischung aller Individualität. Gemeinde ist gegenseitige Bereicherung aller Individualitäten. Individualismus ist im Ernstfall Verweigerung von Kommunikation mit anderen. Und Individualismus in der extremsten Form ist die Reduzierung von Kommunikation auf die Kommunikation mit sich selbst. Zugleich ist sie ein Entwurf von Kommunikation auf Kosten anderer. Die Gemeinde ist ein Ort, an dem der lebendige Ausgleich von Kommunikation mit sich selbst, mit anderen und mit Gott versucht und konstruiert werden kann.

Am Anfang von Theater ist Kommunikation von Geist und Leib. Kommunikation mit den Texten und Rollen, mit Technik und diversen Utensilien. Kommunikation mit Spielorten und Spielsituationen. Kommunikation zwischen den einzelnen Akteuren des Stückes. Besonders wichtig: Der Umgang mit den eigenen Schwächen wie mit denen anderer muss kommunikabel bleiben. Selbstverständlich gilt das auch für den Umgang mit den eigenen Stärken wie mit den Stärken der anderen. Kommunikation im Theater ist zugleich die erhöhte Sensibilisierung für die gemeinsame Chance von Aufführungen. Um der Zukunft willen kann die Kommunikation auf, vor und hinter der Bühne nur konstruktiv gemeint und gemacht sein.

Am Anfang war Kommunikation. Ohne sie gäbe und gibt es keine Entwicklung. Und dort, wo sie nicht ist, ist der Tod. Nicht-Kommunikation ist Nicht-Leben. Schöpferisch sein besteht nie nur in Kreativität. Schöpferisch sein gelingt nur in Kommunikation.

Shlomi auf Spurensuche

Unterhalb alter Kupferminen quartiert sich Shlomi in einem Beduinen-Camp ein. Vor mehr als dreitausend Jahren soll hier in der Nähe das Volk Israel vorbeigezogen sein. Dass davon keinerlei Spuren erhalten geblieben sind, gehört bis heute zu den archäologischen Rätseln der israelitischen Frühgeschichte. Die Bewirtung ist wie immer im Orient von ausgezeichneter Qualität. Beduinen auf dem Sinai seien ägyptische Sicherheitspolizisten – sagt ein hartnäckiges Gerücht. Diese Halbinsel ist ja bekanntlich so etwas wie eine entmilitarisierte Zone.

Shlomi ist das egal. Das Camp muss vor einigen Wochen von einer Gruppe christlicher Pfadfinder besucht worden sein. Es seien deutsche Jugendliche gewesen. Aber auch andere, vor allem westeuropäische Jugendliche von ähnlichen Organisationen wie die Christlichen Pfadfinder aus Deutschland.

Shlomi, neugierig wie sie halt ist, erfährt mehr über die Gruppe. Sie sei quer durch Ägypten unterwegs. Ihr erstes Ziel sei der Moses-Berg und das Katharinen-Kloster. Fast „um die Ecke" also. Dort wollen sie die Erinnerung an die legendären Gesetzestafeln mit den Zehn Geboten und an die legendäre Begegnung zwischen Moses und Jahwe am „Brennenden Dornbusch" auffrischen. Der Gottesstratege Moses gehört zu den Urvätern jüdischen Denkens und Glaubens. Und Jahwe wird so ehrfürchtig verehrt, dass man vermeidet, seinen Namen auszusprechen. Das Erlebnis eines Sonnenaufgangs auf dem Berg ist mehr als ein touristisches Muss.

Im Katharinen-Kloster würde die Gruppe das nächste Ziel genannt bekommen: das große Denkmal am Suezkanal, das an den ägyptisch-israelischen Krieg im vergangenen Jahrhundert erinnert.

Ein gut verschlossenes Metallkästchen am Fuße des Sockels würde die Informationen für das dritte Ziel enthalten. Das ist dann schon eine wesentlich größere Etappe dorthin: Die Pyramiden von Sakkara, die ältesten erhaltenen aus den Anfängen der ägyptischen Hochkultur. Eine dieser Pyramiden ist zugänglich gemacht. In ihrem Inneren würde die Gruppe schließlich das letzte Ziel erfahren: das koptische Kloster Amba Baramus zwischen Alexandria und Kairo.

Diese vier Etappen seien aber nicht nur touristische Unternehmungen, von und für europäische junge Christen aus Europa organisiert. Die Besuche seien verbunden mit einer besonderen Aufgabenstellung. Die Teilnehmenden sollen biblische Texte eigener Wahl „transformieren", also übersetzen, übertragen, in gegenwärtige Denkrahmen und Erlebnisstrukturen unter Beibehaltung ihrer ursprünglichen Zielsetzungen und Überlieferungsmotive. In und an den vier Zielorten sollen die Transformationsergebnisse fünfsprachig hinterlegt werden. Nachfolgende Unternehmungen sollen später mit darauf aufbauenden und daran anknüpfenden Aufgaben weitergeführt werden.

Shlomi hat „Feuer gefangen". Und sie entwirft sofort einen Plan. Sie will unbedingt auf den Spuren dieser Jugendgruppe jene Zielorte besuchen und jene Texte ausfindig machen. Shlomi hat Glück. Sie wird in der Tat fündig. Im Katharinen-Kloster, am großen Denkmal, in der Pyramide bei Sakkara und im koptischen Kloster. Die jeweils deutsche Version hat sie abgeschrieben und mitgenommen.

In der Station am Moses-Berg findet sie „Die Story vom Brennenden Dornbusch", im Metallkästchen am Denkmalsockel die „Zehn Gebote für den Frieden", in der Pyramide die moderne Ausgabe vom „Turmbau zu Babel" und vom Abt des koptischen Klosters erhält Shlomi ein Blatt, auf dem die europäischen Jugendlichen die „Aktualisierung des Vaterunser-Gebetes" geschrieben haben.

Das Innere der Pyramide zu erreichen, war beschwerlich. 40 Meter lang war der Stollen. Nur gebückt, manchmal kriechend, kommt man dort voran. Die Luft wird so grenzwertig, dass Shlomi mehr als einmal daran denkt umzukehren. Doch wer weiß, sagt sie sich, ob sie jemals wieder hierher kommen wird. Also „Nase zu" und weiter!

FUND 2: DIALOG AM LEGENDÄREN DORNBUSCH

A = Aaron, **MI** = Mirjam, **MO** = Moses

A   Moses, bleib auf dem Teppich! Du kannst nicht beweisen, dass Gott zu dir geredet hat.

MI   Du hast nichts in der Hand. Das mit dem brennenden Dornbusch nimmt dir keiner ab.

MO   Aber ich habe es doch erlebt! Meint ihr, ich habe Bock auf Ägypten. Die werden sich noch sehr genau daran erinnern, dass ich den schärfsten ihrer Aufseher unschädlich gemacht habe. Die kennen mich. Ich bin doch mit ihnen von Kindesbeinen an immer zusammen gewesen. Ich erfinde eine solche Story nicht. Das müsst ihr mir glauben.

A   Moses! Vielleicht – ich frage das sehr vorsichtig – warst du nicht mehr Herr deiner Sinne. Du warst in letzter Zeit sehr, sehr erschöpft. Manchmal hört man da was, was es gar nicht gibt.

MI   Und vergiss nicht: Es war sehr heiß da draußen.

MO   Ihr könnt mir das nicht ausreden. Das sitzt zu tief. Wenn du Gott einmal erlebst – dann hast du eine Grenze überschritten in eine Zukunft, die mit der Zeit immer heller wird, dann lebst du in dieser Welt so, als wäre das, was du erlebst, noch längst nicht alles, als wäre da immer alles offen, als käme da noch was, was du noch nicht kennst.

MI   Hör auf. Das versteht doch sowieso keiner.

MO   Ich stand vor diesem Dornbusch, der brannte, aber nicht verbrannte. Und hörte fasziniert jene unvergesslichen Worte. Ich soll mein gequältes Volk aus der ägyptischen Sklaverei retten helfen. Ich soll zu Pharao gehen und von ihm die Freiheit für Israel fordern. Und wenn mich jemand fragt, wer mich in diese ägyptische Hölle geschickt hat, dann soll ich sagen, der „Überall und Immer" hat mich geschickt.
Ich werde gehen. Ich kann nicht anders.

A   Mirjam, dann gehen wir auch mit. Wir sind seine Geschwister, und unseren Bruder lassen wir nicht allein.

MO   Dann kommt.

FUND 3: EMPFEHLUNGEN FÜR FRIEDEN

1.
Kauft Kindern kein Kriegsspielzeug
Denn
Wer spielend Krieg lernt, für den wird selbst das Schlachtfeld zum Spielplatz

2.
Malt Kindern den Frieden aus
Denn
Wer Friedensbilder malt, wirft die Feindbilder auf den Schrott

3.
Stellt gute Fragen Soldatenwerbern
Denn
Nachdenken ist auch für den Frieden die beste Vorarbeit

4.
Lernt Krieg hassen
Denn
Der Hass gegen den Krieg gehört zu den Überlebensmitteln

5.
Glaubt nicht an gerechte Kriege
Denn
Dieses Märchen hat bereits Millionen Tote gekostet

6.
Bringt sinnvolle Opfer
Denn
Hingabe macht lebendig, und was lebendig macht, ist heldenhaft

7.

Trainiert untereinander Frieden

Denn

Je besser man miteinander umgeht, desto weniger wird man einander umlegen

8.

Feiert schon jetzt Frieden

Denn

Was jemand hofft, das feiert er auch

9.

Haltet Kontakt zum Ausland

Denn

Frieden ist grenzenlos

10.

Sucht die Bibel nach Frieden ab

Denn

Sie war schon oft die größte Provokation zum Frieden

FUND 4: IMMER NOCH UND IMMER WIEDER TURMBAU

E = Erzähler, **A** = Abdul, **F** = Farak, **R** = Rila

F   Irgendetwas liegt in der Luft.

R   Das sagst du schon seit Wochen.

A   Ich muss Farak zustimmen. Es wird immer verrückter. Man sagt, die Stadt habe ein Projekt ausgeschrieben von einer Größenordnung, die alles Bisherige in den Schatten stellt.

R   Hab auch davon gehört. Die Berechnungen hätten drei Jahre in Anspruch genommen.

F   Irgendetwas liegt in der Luft.

R   Unke doch nicht immer so.

F   Du wirst sehen.

E Die Zeit vergeht. Sie vergeht sehr schnell. Ebenso schnell wächst das Projekt. „Die Spitze" hat man es genannt. Im Internet kann man sich über alle Details genauestens informieren. Es ist ein internationales Projekt. Jede Nation, jedes Volk, jeder Stamm, jede Rasse ist beteiligt. In einer noch nie dagewesenen Bildungskampagne hat man in nur einem Jahr erreicht, dass alle Welt nur eine Sprache spricht. Die Weltsprache eben. Jeder versteht jeden. Und es gibt keine Kommunikationsprobleme. Ein ungeheurer Vorteil für das Projekt. „Die Spitze" – der Name wurde nicht verändert – hatte in den ersten Bauabschnitten die Gestalt eines Turmes. Aber „Die Spitze" war viel mehr als ein Turm. Niemand zweifelt daran, dass alles gelingt. Es gab noch keine Panne! Ungewöhnlich. Geradezu faszinierend.

F Ich bleibe dabei. Irgendetwas …

R … liegt in der Luft. Langsam gehst du einem auf den Geist.

F Ihr kriegt wohl gar nichts mehr mit?

R Was denn?

F Seit gestern sind alle Religionen abgeschafft. Begründung: kein Bedarf und schon gar keine Notwendigkeit.

A Na und! Das hat man doch kommen sehen. Wozu auch Religion?

R Stört dich das, Farak?

F Was heißt „stören"? Ich hab da meine Bedenken, um nicht zu sagen Angst! Menschen, die sich selbst zum Maßstab aller Dinge machen, scheuen vor nichts zurück. Für mich hat das ganze Projekt etwas Aggressives. „Die Spitze" – warum hat man denn diesen blöden Namen nicht geändert – ist doch gegen irgendetwas gerichtet. Oder nicht?

A Da macht mir anderes viel mehr zu schaffen. Wie hoch hinaus wollen die denn noch? Bisher sind alle Grenzen durchbrochen worden. Und es geht immer weiter. Kein Ende in Sicht. In den Medien wird auch immer nur berichtet, wie weit man schon wieder gekommen ist – nie sagt einer genau, wohin das alles geht.

E   Tatsächlich hat „Die Spitze" längst den erdnahen Raum erreicht. Es ist eine fantastische Konstruktion. Aus einem Stoff, der speziell dafür entwickelt worden ist. Unzerreißbar soll er sein. Unverwüstlich. Absolut zuverlässig. Eine sich selbst erhaltende Kunstfaser, sagt man. Man wartet auf Reaktionen außerirdischer Lebensformen. Jüngste Aufnahmen zeigen das Projekt, wie es am Mond vorbei wächst. Immer weiter. Manche spekulieren schon, dass das Projekt bis zum Zentralgestirn vorgetrieben werden soll. Nichts Genaues weiß man nicht. Aber noch geht alles seinen Gang. Und was für einen! Was weder Farak noch Abdul noch Rila wissen: Außerhalb der Erdatmosphäre sind nur geklonte Menschen im Einsatz. Zunächst hatte man Bedenken. Das alles könne womöglich aus dem Ruder laufen. Wer ist der Nichtgeklonte, wer der Geklonte. Und wie ist das mit der Verantwortung. Aber diese Schöpfung des Menschen funktioniert reibungslos. Bisher. Immer noch. Unaufhaltsam wächst „Die Spitze". Das ist Spitze! Doch dann kommt der Tag X.

F   Hab ich's nicht gesagt. Irgendetwas …

A/R   … liegt in der Luft.

F   Heute morgen in den Medien. Völlig unverständliches Zeug. Es klang so, als … als wäre das Projekt gescheitert. „Die Spitze" musste aufgegeben werden. Man hätte sich übernommen.

R   Ich hab da so etwas aufgeschnappt wie: Die Geklonten hätten gestreikt oder noch schlimmer.

A   Anderen Meldungen zufolge sollen Viren angefangen haben, das Projekt zu entsorgen – ohne irgendwelche Rückstände übrigzulassen.

F   Das Einzige, was die Medien unmissverständlich rüberbringen ist: Die Kommunikation sei total zusammengebrochen. Weltweit. Global.

Und heute Abend sollen die Weltbürger auf einem bestimmten Kanal eine uralte Geschichte zu hören bekommen, die in alle Sprachen übersetzt wird, weil auch die eine Weltsprache demontiert worden sein soll. Es gibt sie nicht mehr. Missverständnisse waren wieder an der Tagesordnung und so weiter, und so weiter. Jene uralte Geschichte würde die Ursache für das Scheitern des Projekts nennen.

E Am Abend war dann wirklich weltweit Folgendes zu hören: „Es hatte aber alle Welt einerlei Zunge und Sprache. Und sie sprachen untereinander: Wohlauf, lasst uns eine Stadt und einen Turm bauen, dessen Spitze bis an den Himmel reiche, damit wir uns einen Namen machen. Da fuhr der Herr hernieder, dass er sähe die Stadt und den Turm, die die Menschenkinder bauten. Und der Herr sprach: Siehe, es ist einerlei Volk und einerlei Sprache unter ihnen allen. Und dies ist nur der Anfang ihres Tuns. Wohlauf, lasst uns herniederfahren und dort ihre Sprache verwirren, damit keiner den anderen verstehe. So zerstreute sie der Herr von dort in alle Länder, dass sie aufhören mussten, die Stadt zu bauen. Daher heißt der Name Babel."

FUND 5: DAS ALTERNATIVE VATERUNSER

Du unser Zuhause
woher wir gekommen sind
wohin wir gehen werden.

Dass du gebraucht wirst
zum Leben und zum Sterben
das sei unser Lobpreis allezeit.

Dass dein Einfluss wächst in dem
was in uns und um uns geschieht
das sei unsere Sehnsucht.

Dass du das Sagen hast
in kleinen und großen Entscheidungen
das werde wahr.

Was Menschen zum Leben brauchen
das gib Tag um Tag.
Und lass uns gelingen
Verzichten und Verteilen.

Woran wir schuld sind, ob wir's wissen oder nicht
das vergib.
Und lass uns mit andern ebenso verfahren.

Wenn wir meinen, ohne dich auszukommen
vor diesem Irrtum bewahre uns.

Was uns zu schaffen macht
davon befreie und erlöse uns.

Bei dir ist Raum zum Leben.
Mit dir wird das Gute möglich.
Zu dir kommt Staunen und Dank.
Immer wieder und bis ganz zuletzt.
Amen.

Shlomi ist müde – und das mitten in der libyschen Wüste

Wieder: mitten in der Wüste. Ringsum nichts als Sand, Stein und Fels. Sie hatten sich an diesem Tag „ein wenig verfahren". Irgendwie ging es immer im Kreis. Vorbei an immer denselben Geländeformationen. Nach fast einer Stunde ist endlich die Orientierung wieder klar. Schon eine aufregende Angelegenheit. Diese Nacht würde Shlomi das erste Mal in ihrem Leben auf kühlem Sand unter dem sternenklaren Nachthimmel des Südens schlafen. Niedliche Wüstenfüchse umschleichen scheu die

Schlafsäcke und sind doch nahe genug, um sie betrachten zu können. Tarek hat schon oft hier draußen übernachtet. Das erste Mal ist immer eine spannende Sache. Zur Überraschung gibt Tarek Shlomi ein Blatt Papier mit einem Schlaflied. Nur so, meint er. Er habe das Lied seiner Tochter früher beim Einschlafen gesungen. Und er habe es für Shlomi nur geringfügig geändert.

FUND 6: SCHLAFLIED

Schlaf ein
und ich fang auch für dich
einen Traum
von dem Ball, der bunt ist
der sonst rollt und jetzt ruht
es dreht sich so viel
und ist manches verdreht
rollt plötzlich davon
und ist spurlos verweht
du ahnst das noch nicht
du wirst es verstehn
der Himmel und ich
sind bei dir heut Nacht.

Schlaf ein
und ich fang auch für dich
einen Traum
von dem Vogel
der singt
der sonst fliegt und jetzt ruht
dort über den Wolken
scheint Freiheit so schön
doch suchen wir Antwort
was hier muss geschehn
du weißt das noch nicht

du bist noch zu neu
der Himmel und ich
sind bei dir heut Nacht

Schlaf ein
und ich fang auch für dich
einen Traum
von dem Baum
der da wächst
der sonst schwankt und jetzt ruht
Wurzeln und Rückgrat
sind so oft zerstört
Vernunft wird nur selten
zu selten vermehrt
du spürst das noch nicht
du hast ja noch Zeit
der Himmel und ich
sind bei dir heut Nacht.

Shlomi begibt sich in der alten Tempelstadt Abydos auf Zeitreise

Abydos präsentiert einige frühägyptische Sehenswürdigkeiten. Da ist der große Hathor-Tempel, den Sethos I. erbaut hat, beispielsweise. Die Liste der Pharaonen ist ein erstaunliches Zeugnis der langen Geschichte des alten Ägypten. Interessant, welche Kartuschen (Namen) aus welchem Grund herausgeschlagen, gelöscht worden sind: die von Hatschepsut, der Frau auf dem Thron. Die Heilige Kuh, Sinnbild von Hathor, ist ein anderer Anziehungspunkt. Aber der Besuch einer Ausgrabungsstätte im Westen der Stadt ist für Shlomi etwas ganz Besonderes. Eine Anlage aus der Zeit der Ersten Dynastie. Nur mit einer Sondergenehmigung ist ein solcher Besuch überhaupt möglich. Die Projektleiterin, eine deutsche Professorin, hat dort schon einiges freigelegt und buchstäblich zutage gefördert. Shlomi ist in Gedanken immer wieder in jener Vergangenheit unterwegs. Und immer wieder schaut sie nach Westen zum Horizont. Dorthin, wo in einer Riesenmulde zwischen zwei stattlichen Erhebungen unendlich viele Kubikmeter Sand lagern. Nur wenige Kilometer weit entfernt. Was mag da draußen unter dem Sand verborgen liegen. Welche Antworten auf spannende und dringende Fragen der Forscher schlummern dort seit Jahrtausenden: Wie haben sie damals gelebt? Was haben sie gedacht? Was haben sie geglaubt und gehofft? Wie haben sie die Welt gesehen und verstanden? „Um diese Millionen Kubikmeter Sand zu bewegen und den Dingen da draußen auf den Grund zu gehen, braucht es unendlich viel Zeit und noch mehr Geld" – sagt die engagierte Forscherin so halb im Selbstgespräch. Sie war von Shlomi und ihren Fragen offensichtlich begeistert, denn sie überreicht ihr beinahe unvermittelt einen Text. Das sei vielleicht etwas für sie. Es gäbe in ihrem Ausgrabungsteam nicht selten auch spirituelle Fragestellungen. Die beiden Texte hätte sie vor Kurzem erst von einem deutschen Theologen geschenkt bekommen.

FUND 7/1: SPIRITUELLE ALTERNATIVEN

Offenheit	nicht	Sicherheit
Beseeltes Schweigen	nicht	Geistloses Geschwätz
Erlösende Distanz	nicht	Erdrückende Nähe
Lebendigkeit	nicht	Richtigkeit
Riskierte Wahrhaftigkeit	nicht	Präsentierte Wahrheit

| Vor mir | nicht | Nach mir |
| das Verheißene Land | | die Sintflut |

| Wo geholfen wird | nicht | Wo gehobelt wird |
| da fallen Pläne | | da fallen Späne |

| Behüten | nicht | Verhindern |

| Besser bunt | nicht | Schwarzweiß |

Am dringendsten Liebe gegen Angst
Und immer wieder Gnade vor Recht
Und schließlich Nichts für ungut

FUND 7/2: SPIRITUELLE METAMORPHOSEN

Finstere Täler als überraschende Durchbrüche
beginnende Trauer als Bewusstseinsregler
schleichende Befürchtungen als verkappte Hoffnungen
massive Schwächen als schöpferische Pausen
aggressive Zweifel als kreative Wurzeln
bohrende Fragen als keimende Antworten
Nachtgedanken als Morgenröte
sprachlose Ohnmacht als haltlose Lüge
die bittere Träne als flüssige Kraft
der Rücken an der Wand als Startrampe ins Unbekannte
Sackgassen als Wendeschleifen

Und das NONPLUSULTRA:
Die Ewigkeit ist die einzige Lebensform ohne Unmöglichkeiten

Shlomi schaut vor der großen Bibliothek skeptisch

Shlomi hat sich natürlich im Internet schlau gemacht. Sie weiß viel, sehr viel sogar, über Alexandria. Doch die wahrgenommene Realität übertrifft alles weit, sehr weit. Die Ausgrabungen im Zentrum und die Mosaiken im angeschlossenen Museum sind für Shlomi eine Augenweide. Sie genießt die Eindrücke in vollen Zügen. Dann kommt sie auf die Promenade. Hier also haben die Römer angelegt. Wie viel Cäsar und wie viel Kleopatra da noch in der Luft liegen mag! Welche Koryphäe aus den alexandrinischen Philosophenschulen mag hier unterwegs gewesen sein und wie war ihre Kommunikation so ganz ohne die heutige selbstverständliche Technik? Von der damaligen Qualität hiesiger Theologie der frühen Christenheit ganz zu schweigen. Für Shlomi unvorstellbar, wie Fundamentalisten und Extremisten gegenwärtiger politischer wie religiöser Lager sich auf diesem geschichtsträchtigen Grund und Boden üble Schießereien liefern können. Unvorstellbar muss auch der Brand der riesigen Bibliothek vor gar nicht langer Zeit gewesen sein. Was da unwiederbringlich verloren gegangen ist! Nun der Neubau. Gigantisch und doch elegant. Shlomi verbringt einen ganzen Tag in dieser einmaligen Einrichtung und kann nicht genug kriegen. In einer Art „Wühlbox" findet sie einen relativ jungen interessanten Text. Passend in diese Zeit, an diesen Ort.

FUND 8: ÜBER DIE MITMENSCHLICHKEIT HINAUS

> Hütet den kleinen Frieden
> Den Frieden untereinander – in Familien, Schulen, Gemeinden,
> auf den Straßen
> Der Friede ist ein unendlich kostbarer wie unerwartet
> zugänglicher Schatz
> Der Friede ist ebenso unbezahlbar wie gefährdet
> Mancher Friedhof ist voll von gestorbenem Frieden,
> umgebracht von Menschenhand oder Menschenmund
> Versöhnte haben mehr vom Leben

Genießt die kleinen Freuden
Das Schöne begegnet uns unverhofft und unerwartet
Es gibt nicht nur böse Überraschungen

Pflegt gute Freundschaft
Freunde sind wie Blumen, die regelmäßig versorgt werden müssen.
Nicht gepflegte Freundschaften gehen ein. Es gibt eine Kälte,
die Freundschaften zum Erfrieren bringt: kalte Töne, kalte Gesichter,
kalte Gedanken, kalte Augen

Seid gute Nachbarn
Eure Augen mögen den Nachbarn nicht in die Brieftasche,
sondern in die Augen schauen
Eure Füße sollen Begegnungen mit den Nachbarn suchen
und keinen Bogen um sie machen
Eure Hände sollen offen sein zum Geben und Nehmen;
schnelle Fäuste ballt nur in der Tasche
Euer Mund achte auf das, was er von sich gibt,
dass nichts Scharfes oder Spitzes dabei ist
Seht zu, dass sich eure Nachbarn nicht an euch verletzen

Teilt euren Besitz
Prüft, was ihr habt
Brauche ich es wirklich oder brauche ich es wirklich nicht
Macht aus dem, was ihr habt, ein Netz, das keinen durchfallen lässt

Gebt brauchbaren Trost
Was ihr sagt, muss stimmen
Was ihr sagt, muss klingen
Trösten heißt
Traurigkeit unterbrechen
Schlimmes verarbeiten helfen
Verzweiflung entschärfen
Erinnerungen an Gutes wecken

Manchmal fehlen uns die Worte. Dann fangen wir an zu schwatzen. Schwatzen ist nichts anderes als der Austausch von Hilflosigkeiten. Wenn es doch das gute Wort gibt. Das von außen. „Das Wort, das dich wirklich weiterbringt, kannst du dir nicht selber sagen". Von diesem Wort macht Gebrauch. Diesem Wort gebt Wohnrecht.

Shlomi staunt und staunt – auf der Nil-Insel Elephantine

Zwei Ziele würde Tarek mit Shlomi gern noch ansteuern, bevor es auf die Heimreise geht: die Nil-Insel Elephantine und die Oase Schiwa (nur 40 Kilometer vor der libyschen Grenze).

Schon die Überfahrt zur Insel mit einem typischen Fellachen-Boot. Ein besonderes Erlebnis. Vieles ist über die Insel bekannt und geschrieben worden. Geschichte pur! Die legendäre Erzählung von der Übersetzung des Alten Testaments ins Griechische ist ein Extra. Engel müssen dabei tatkräftige Helfer gewesen sein – sagt man. So ist es überhaupt nicht verwunderlich, dass an der Landestelle eilfertige Boten unterwegs sind und ein uraltes Engellied an die Besucher verteilen. Auch Shlomi erhält ein Exemplar.

Immer wieder aber zieht es Shlomi zum Nilometer am Ostufer. Das war eine eher einfache Einrichtung, um den Wasserstand im Nil zu messen. Im Auftrag der Pharaonen. Die nämlich waren verantwortlich dafür, dass die jährliche Überschwemmung von Vater Nil pünktlich eintrifft. Nilometer signalisieren entsprechende Änderungen am Wasserstand und kündigen die sehnlichst erwartete Überschwemmung an. Fruchtbarer Nilschlamm war überlebenswichtig für die Landwirtschaft. Die Ernährung des ganzen Landes hing davon ab. Kein Wunder, dass diese höchst existenziellen Vorgänge mit den Göttern in Verbindung gebracht worden sind.

Keiner kennt genau ihr Gesicht,
nicht ihren Namen, nicht ihr Gewand.
Jeder sieht sie in anderem Licht.

Engel braucht der Mensch überall,
einer braucht Rat
und ein andrer braucht Schutz.
Jeder braucht sie in anderem Fall.

Engel sind bekannt für ihr Wort.
Klar ist's und froh macht's,
Angst muss nicht sein.
Jeder trifft sie an anderem Ort

Shlomi macht Rast in der Oase Schiwa und möchte am liebsten bleiben

Die letzte Station auf der Ägypten-Tour ist die Oase Schiwa. Die Hinfahrt führt fast ausschließlich durch die libysche Wüste. Shlomi kann es kaum glauben, dass vor mehr als 10 000 Jahren in dieser Gegend ein riesiges Meer gewesen war. Die Rückfahrt ist dann parallel zur Mittelmeerküste im Norden geplant. Nicht ohne sichtbare und greifbare Erinnerungen an eine der furchtbarsten Schlachten im Zweiten Weltkrieg. Alles wie immer mit dem Jeep. Wie sonst?

Wie faszinierend die Wüste sein kann! Shlomi ist nahezu ständig voller Begeisterung. Die Begegnung mit einer Karawane wird ihr besonders unvergesslich bleiben. Ganz nahe, Auge in Auge, mit einem lagernden Kamel! „Kamele sind auch nur Menschen!"

Schiwa gehört zu den interessantesten Oasen. Tarek zeigt Shlomi auch die ebenso interessante Umgebung. Historie und Legende berühren sich auf Schritt und Tritt. Alexander der Große soll hier gewesen sein.
Und der letzte Sonnenuntergang ist unbeschreiblich schön – erinnert sie.

Zum Abschied schenkt ihr Tarek das „Hohe Lied vom Unterwegssein". Er habe es von einem befreundeten Scheich erhalten und noch schnell ins Deutsche übersetzt. Tarek hat ja einige Jahre in Heidelberg studiert und so viel Deutsch „habe er noch drauf", sagt er. Zwei Tage später auf dem Flughafen in Luxor werden sie sich ein letztes Mal umarmen und sich gegenseitig ihr „Salam" – „Schalom" zusprechen.

FUND 10: DAS HOHE LIED VOM UNTERWEGS SEIN

Ich bin unterwegs
Unterwegs bin ich

Nur unterwegs bin ich fasziniert von der schöpferischen Kraft der Wellen
Nur unterwegs erlebe ich das wunderbare Wechselspiel zwischen Haut und Wind
Nur unterwegs bleibt meine Sehnsucht nach den Wurzeln nachhaltig
Nur unterwegs wird mir die Realität des Seins erst richtig bewusst
Nur unterwegs wird das Spüren von anderem und anderen zur Erfahrung
Nur unterwegs kommen meine Augen auf den Geschmack der Dinge
Nur unterwegs wird meine Welt zur Werkstatt für Wahrnehmung
Nur unterwegs erkenne ich die unbedingte Bedeutung des nächsten Schrittes
Nur unterwegs bekomme ich ein Gefühl von Geschichte

Und
Wenn ich mit Engeln unterwegs bin
Bin ich immer auf Entdeckungsreise
Weil
Engel immer unterwegs sind
Zwischen Himmel und Erde

Italien

Shlomi muss immer wieder allein sein.
Nicht nur in San Damiano

Goethe war mehr als einmal in Italien. Auch Shlomi ist von diesem Land fasziniert. Immer wieder. Immer neu. Immer anders. Das „Dolce vita" ist es nicht. Berühmte Städte wie Rom oder Florenz, Mailand oder Venedig sind es auch nicht. Assisi im herrlichen Umbrien – das ist es. Und wohl auch ein wenig die Adria.

Die Heiligen Francesco Bernardone und Clara de Offreducio sind dort inzwischen Shlomis Hauptbezugspersonen. Auch wenn sie schon lange tot sind. Er seit 1226. Sie seit 1253. Aber sind sie denn überhaupt tot? Ihr „Geist" ist offensichtlich sehr lebendig und vielerorts anzutreffen.

Von San Damiano vor den Mauern der mittelalterlichen Stadt am Berg ging alles aus. Die franziskanische Bewegung hat hier ihren Ursprung. Das von seinem Biografen verbürgte Gespräch zwischen dem Kreuz und dem jungen Francesco hat endgültige Weichen gestellt. Eine Kirche in Armut. Eine Kirche nach dem Evangelium. Weg von Pracht und Prunk! Weg von Gold und Geld! Weg von Beherrschen und Besitzen! Das alles sind äußerst unbequeme Forderungen. In diesen alten Mauern verbringt Shlomi viele Stunden, manchmal ganze Tage. Sozusagen ein kleines Zuhause. Mit der Franziskanerin Sr. Angelika hat Shlomi schnell und guten Kontakt. Eine Nonne in Dienstkleidung auf dem Moped! Das hat schon was. Der Klostergarten „hinten raus" wird mit der Zeit ein ziemlich „hartnäckiger", besser: nachhaltiger, Anziehungspunkt. Natürlich ebenso der Kreuzgang mit Brunnen im Innenhof. Und Claras Sterbeort oberhalb der Kirche. Und die Reste der alten Ausstattung. Und vor allem die Kapelle mit dem „Franziskus-Kreuz". Obwohl: Das Original wurde einst von den Klarissinnen „geklaut" und grüßt seitdem in S. Chiara die Pilger aus aller Welt. Doch der kleine Garten ist noch etwas anderes. Francesco hat dort 1225 den berühmten „Sonnengesang" geschrieben. Es hat ihn in dieser Zeit ein übles Augenleiden gequält. Er war vorübergehend zum Leben im Dunkel gezwungen. In diesem Zustand dichtete er dieses „Hohe Lied der Schöpfung": alles miteinander verwandt! Alles mit dem Einen verbunden! Nur ein wenig von dieser Spiritualität! Wir hätten kaum die ökologischen Probleme, Engpässe oder

Sackgassen, die für den Globus so gefährlich geworden sind. Die Grünen wären die meistgewählte Partei in der *einen* Welt.

Dann findet Shlomi genau dort eine Version dieses „Sonnengesangs" für die gegenwärtige Zeit, das gegenwärtige Weltbild und das gegenwärtige wissenschaftliche Niveau.

FUND 11: TRANSFORMATION SONNENGESANG

Einfach nur du – Gott
unser Woher und Wohin

Der du
das Leben
geschwisterlich
entworfen und gemeint
alles
mit dir verwandt
und deshalb
alles
auch untereinander verwandt
gemacht hast

Wir alle
eine kosmische Familie

der Wurm mein Bruder ebenso wie der Saturn
die Sonne meine Schwester ebenso wie die Ratte
die hellen Fixsterne und die schwarzen Löcher
der Mond in seiner faszinierenden Fülle
und als filigrane Sichel am Firmament
Regenbogen und Sonnenwind
Geschwister
mit allem was daraus folgt

die Farbe der Rose und der Duft vom Heu
das Lächeln der Säuglinge und das Horchen der Sterbenden
die Hoffnung der Verdammten und der Stolz der Glücklichen
die irdische Musik und das Schweigen des Alls
Geschwister
längst bevor wir uns kennenlernten

die unaufhaltsame Wucht der Bakterienstämme
die unerschöpfliche Fantasie der Gene und die unheimliche Gewalt der
Atome
die unverwüstlichen Möglichkeiten menschlicher Liebe
die Sehnsucht der Religionen und das Konzert der Kulturen
Geschwister
ohne Möglichkeit zum Widerspruch

die Heuschrecke mit ihrer Sprungkraft
das Chamäleon mit seinen Verwandlungskünsten
die Lachse und ihre rätselhaften Reisen durch die Ozeane
die Spinne mit ihrer Geduld und die Nachtigall mit ihrem Gesang
der Maulwurf in der Finsternis der Erde und der Kondor in lichter Höhe
die Krokodile mit ihrer Reaktionsgeschwindigkeit und die Kraniche mit
ihrer Eleganz
Geschwister
mit Chancen und Grenzen allzumal

mein Lob ist
dass ich für deinen Willen durchlässig bleibe
dass ich ohne dich nicht sein kann und will

Einfach nur du – Gott
weil
unser Woher und Wohin

Shlomi liegt auf dem Subasio und ahnt, was Schalom sein könnte

Der Subasio! Von dort oben, von der flachen Bergkuppe aus, ist der weite Blick über die Spoleto-Ebene und auf das Appenninen-Gebirge einfach grandios. Nach hier oben hat sich Francesco immer wieder zurückgezogen. Es waren eben nicht nur Strapazen. Es waren wichtige Auszeiten. Zum Relaxen und zum Meditieren. Shlomi **ist querbeet** unterwegs. Auch auf den Seitenwegen. Von dort gibt es zwischen den Büschen und Bäumen überraschende Momentaufnahmen dessen, was da unten, im Westen nach Perugia hin und im Norden nach Gubbio hin, zu sehen ist. Berge haben was! Berge sind was Besonderes! Und das schon immer. Berge im Leben des Franziskus von Assisi und Berge im Leben des Jesus von Nazareth. Auf so manchem Berg muss Shlomi an den einen Berg, der Geschichte geschrieben hat, denken: den Predigt-Berg nahe Jerusalem! Der Ort der „Berg-Predigt". Merkwürdig: Wenn es so was wie Reformationen (oder Revolutionen) gegeben hat, war sie „im Spiel". Nicht nur, aber vor allem, die sogenannten Seligpreisungen. Sie beschreiben (oder malen sie ihn sogar aus?) den Schalom. „Schalom" übersetzt Shlomi meist mit „heil und ganz sein".

Der Subasio!
Es ist, als ob der Schalom hier seine Heimat hätte. Hier scheinen Ruhe, Frieden und Glück ihre Zelte aufzuschlagen. Hier scheint Liebe zu einer selbstverständlichen Normalität gefunden zu haben. Kein Wunder, dass Shlomi in ihren mitgebrachten Texten stöbert. Die hat sie auf jeder Reise als treue Begleiter im Gepäck. Auf diesem wunderbaren Fleckchen Erde liest sie ganz langsam eine „Transformation der Seligpreisungen". Alles lässt Shlomi auf sich wirken. Wie glücklich könnte doch der Mensch auf seinem einzigartigen „blauen Planeten" sein!

Vom anderen, aber eigentlichen Glück

Glücklich werden sein, die mit dem leeren Herzen.
Denn der Himmel hat dort seine Heimat.
Und der Frieden seinen Startplatz.
Macht wird zum Glück nicht gebraucht.
Glücklich werden sein, die fähig sind zur Barmherzigkeit.
Denn sie schauen ohne Angst auf morgen.
Und der Frieden behält einen langen Atem.
Bei den Ohnmächtigen.
Glücklich werden sein, die ihr wahres Gesicht zeigen.
Man wird ihnen das Rückgrat nicht brechen.
Und der Frieden bleibt keine Parole.
Trotz Super-Mächte.
Glücklich werden sein die Benachteiligten.
Denn der Rücken an der Wand ist zwar oft die Hölle.
Aber Boden unter den Füßen wird zum himmlischen Frieden.
Mit unsrer Macht ist da nichts getan.
Glücklich werden sein, die mit dem Leid auf dem Rücken.
Denn sie wissen, was Trost ist, am besten.
Und der Frieden erhält dadurch Wärme.
Auch ohne Macht.
Glücklich werden sein, die mit dem sanften Mut.
Denn das Unrecht auf Erden wird ihnen nichts anhaben.
Und der Frieden wird menschlich.
Keine Macht kann das verhindern.
Glücklich werden sein, die mit dem Hunger nach Gerechtigkeit.
Denn sie werden satt werden.
Weil der Frieden Hab und Gut verteilt.
Nur die ewig Gestrigen pokern mit der Macht.
Glücklich werden sein die Jesus-Ähnlichen.
Sie haben selten Erfolg. Erreichen aber das Ziel.
Weil, was sie tun, aus Liebe geschieht.
Und weil im Chaos der Zeit
die Macht der Liebe allein eine Chance hat.

Shlomi stutzt am Südtor von Assisi und glaubt, sie war schon mal hier

Seltsam. Oder auch nicht seltsam. Jedenfalls immer, wenn Shlomi zum uralten Süd-Tor pilgert, hat sie das Gefühl, schon mal hiergewesen zu sein. Es ist eines der ziemlich gut erhaltenen Stadttore von Assisi. Auch die flachen robusten ursprünglichen Steintreppen hinunter zum Tor sind gut begehbar. Das Erdbeben Ende der Neunziger hatte übel mitgespielt. Inzwischen aber „glänzt" wieder alles.

Was für ein Treiben mag vor 800 Jahren hier anzutreffen gewesen sein. Shlomi lässt ihrer Fantasie freien Lauf. Komisch, dass gerade hier der Gedanke an Liebe sie nicht loslässt. Sie zieht aus ihrer Hängetasche ein kleines bedrucktes Blatt. Das hatte sie im vergangenen Jahr in der nahe gelegenen Taverne „gefunden".

FUND 13/1: ANNÄHERUNG AN LIEBE / 1 / Bilder

Das Glück – das ist wie die kleine Laterne
Der nächste Schritt allein ist beleuchtet
Das reicht, um nicht auf der Strecke zu bleiben
Und die kleine Laterne ist manchmal ein Mensch
So wie du

Das Glück – das ist wie das lodernde Feuer
Sein flackernder Schein erfasst nicht nur mich
Die Sterne erblassen vielleicht vor Neid
Und das lodernde Feuer ist manchmal ein Mensch
So wie du

Das Glück – das ist wie die wärmende Sonne
Wolken schieben sich oftmals dazwischen
Doch strahlt sie – lass ich sie gern bei mir ein
Und die wärmende Sonne ist manchmal ein Mensch
So wie du

Das Glück – das ist wie das flammende Streichholz
Nur kurze Zeit hier und da brennt es hell
Doch was es zum Brennen bringt
das ist zum Staunen
Und das flammende Streichholz ist manchmal ein Mensch
So wie du

Das Glück – das ist wie die einfache Kerze
Ihr Licht lebt davon, dass selbst sie vergeht
Im Verlust Gewinn
Dialektik des Glücks
Und die einfache Kerze ist manchmal ein Mensch
So wie du

Das Glück – das ist wie das taghelle Flutlicht
Gewaltig und technisch, mitreißend schön
Doch die Schatten
Die andere Seite vom Glück
Und das taghelle Flutlicht ist manchmal ein Mensch
So wie du

Das Glück – das ist das Licht, das dir aufgeht
Unterwegs und zu Haus, mitten am Tag und auch in der Nacht
Durch Menschen
Durch Gott
Das Licht, das dir aufgeht – das ist dein Glück

FUND 13/2: ANNÄHERUNG AN LIEBE / 2 / Schritte

Die Schritte sind klein
Doch die Chancen sind groß
Und vom Glück gibt's nie
Hundert Prozent

Ich hab heute endlich mal Zeit für dich
Sag nicht
Du kannst nicht
Komm einfach vorbei

Ich zeig dir paar kurze Gedichte von mir
Sag nicht
Du willst nicht
Komm einfach vorbei

Ich trink einen guten Tropfen mit dir
Sag nicht
Du darfst nicht
Komm einfach vorbei

Ich möchte dir von unsrer Truppe erzählen
Sag nicht
Dich langweilt's
Komm einfach vorbei

Ich such deine Zärtlichkeit und nicht zu knapp
Sag nicht
Du magst nicht
Komm einfach vorbei

Ich brauch deine Fragen, und zwar konkret
Sag nicht
Wozu
Komm einfach vorbei

Ich leg uns 'ne Platte auf – mir tut das gut
Sag nicht
Mir nicht
Komm einfach vorbei

FUND 13/3: ANNÄHERUNG AN LIEBE / 3 / ANFÄNGE

Wenn du mich liebst

Wenn du mich liebst
Gehst du mir nicht auf den Geist
Und nicht an den Hals
Dann kommst du unter die Haut

Wenn du mich liebst
Gehst du mir nicht an die Nieren
Und nicht auf den Magen
Dann kommst du in meine Welt

Wenn du mich liebst
Gehst du mir nicht aus dem Weg
Und nicht aus dem Sinn
Dann gehst du mir durch und durch

Wenn du mich liebst
Dann nimm dir Zeit
und
dann lass mir Zeit

Denn aller Anfang ist – zart
wenn du mich liebst

Shlomi braucht Frieden

Die Burg hat eine lange Geschichte. Wenn ihre Mauern doch erzählen könnten! Mit Päpsten und Kaisern, mit Adel und Bürgertum hat die Burg so ihre Probleme gehabt. Heute ist sie fast ein Wahrzeichen der Stadt. Von Weitem schon zu sehen. Bei nächtlicher Beleuchtung vom Süden her ein überwältigender Anblick. Wenn dann noch der Himmel über der Stadt sternenklar ist!

Sogar Friedrich II. hat einige Jahre hier verbracht. In San Rufino ist er bekanntlich getauft worden. Die Staufer hatten über Jahrzehnte viel mit Italien zu schaffen. Bis nach Palermo auf Sizilien reichte ihr Einfluss.

Der Anstieg zur Rocca major ist enorm steil. Bei 30° C schon beschwerlich. Aber der Aufenthalt lohnt sich. Ein 360°-Rundblick. Und ein einzigartiges Panorama. Das alte Assisi liegt gewissermaßen zu Füßen. Die alte Stadt aus der Vogelperspektive. Der Berg und die Burg waren Zeugen vieler kleiner Kriege. Zwischen Perugia und Assisi beispielsweise funkte und krachte es oft. Francesco kann ein Lied davon singen: Ein Jahr war er in Perugia gefangen!

Heute ist der Burgberg ein ausgesprochen friedlicher Ort. Am Eingang zur Innenburg findet Shlomi als vielsprachiges Angebot das „Lied vom kleinen und großen Frieden". Sie legt es zu der bereits angewachsenen Sammlung „Gefundene Worte".

FUND 14: GROSSER UND KLEINER FRIEDEN

Wir brauchen⁻ den großen Frieden,
der mit Händen, selbst mit allen Händen,
nicht zu machen ist,
den keiner eigentlich von uns zur Hand hat,
und
wir brauchen den kleinen Frieden,
den hand-greiflichen,
wenn Hände schenken, halten, trösten, lieben,
wenn Hände menschlich fremde Haut berühren.

Wir brauchen den großen Frieden,
der nur, doch schon, mit fernrohrgleicher Fantasie
in unser Blickfeld kommt,
den niemand jemals wirklich sah,
und
wir brauchen den kleinen Frieden,
den augen-blicklichen,
wenn Augen merken, worauf es ankommt,
wenn Menschen wieder mit dem Herzen sehen.

Wir brauchen den großen Frieden,
der diplomatisch eingefangen in Verträgen ruht,
den letztlich keiner garantieren kann,
und
wir brauchen den kleinen Frieden,
den von Mund zu Mund,
wenn Sätze wirklich wahr sind,
wenn Worte wirklich gut tun.

Wir brauchen den großen Frieden,
der jeden Rahmen, gleich aus welchem Material,
ganz einfach sprengt,
für den Vernunft noch eine Fessel ist,
und
wir brauchen den kleinen Frieden,
der hier und da sich tief in Schweigen hüllt,
und doch nicht schweigt,
der uns erfahren lässt,
dass wenigstens in Sachen Frieden
das Stammeln oft das Schreien überholt.

Wir brauchen den großen Frieden,
der den Völkern aller Kontinente auf die Sprünge hilft
und der doch keinen Menschen überspringt,
und

wir brauchen den kleinen Frieden,
der ins Blut und in die Beine und in den Schoß,
der durch und durch und ganz bestimmt zu Herzen geht,
der Hand und Fuß hat.

Shlomi bekommt vor der interreligiösen Gedenktafel am Eingangstor zu Maria Degli Angeli Pfingstgefühle

Nicht nur einmal stand Shlomi vor der Tafel zwischen den Eingangs-
türen der Basilika Maria Degli Angeli. Eine Gedenktafel wurde hier an-
gebracht. 1986 hat an diesem Ort ein interreligiöses Friedensgebet statt-
gefunden. Johannes Paul II., der Polen-Papst, hat es einberufen. Daran
beteiligt waren außer Christen jüdische, muslimische und hinduistische
Vertreter. Das Relief hält jenes ungewöhnliche wie begrüßenswerte Er-
eignis mahnend fest. Bald dreißig Jahre sind seither vergangen. Gespräche dieser Art sollten öfter veranstaltet werden. Vielleicht gäbe es dann
weniger Kriege, die vom Ungeist eines unausrottbaren Absolutheitsan-
spruches und einer nicht zu bändigenden Besitzgier hervorgerufen und
geprägt sind.

Im Museum, das an die Basilika anschließt, findet Shlomi diesen Text:

FUND 15: WIE PFINGSTEN GEMEINT WAR

**Damit niemand von allen guten Geistern verlassen ist,
läuten in christlichen Ländern zu Pfingsten alle Glocken.**
Lasst uns feiern:
Pfingsten – das Fest der **sinnvollen Globalisierung**
Lasst uns feiern:
Pfingsten – das Fest der **stressfreien Motivation**
Lasst uns feiern:
Pfingsten – das Fest der **alternativen Energie**

Der Heilige Geist ist in jedem Fall der Gute Geist – von Anfang an und bis zuletzt.

Er lässt sich von nichts und niemandem – weder von Fundamentalisten noch von Liberalen – über den Tisch ziehen, an die Wand stellen, auf Eis legen oder vor den eigenen Karren spannen, in ein Ghetto sperren, an irgendeine Garderobe hängen.

Er macht keine Unterschiede, möchte überall und allezeit jede und jeden treffen.

Er ist nicht auf Einschaltquoten aus, sondern darauf, dass Menschen ihn einlassen.

Er ist der Name für die Energie, die Mikrokosmos und Makrokosmos brauchen, um am Leben zu bleiben, die Menschen brauchen zum Arbeiten und Lieben, zum Denken und Handeln, zum Wahrnehmen und Teilnehmen – zum Leben und Sterben.

Wenn der Mensch von allen guten Geistern verlassen ist, ist Pfingsten seine letzte Chance.

Wir sind es manchmal und andere merken es eher als wir selbst. Wir geben uns und andere auf. Wir drehen durch und alles dreht sich nur noch um uns selbst. Wir sehen weg und warten ab. Wir sind unzufrieden und werden ungenießbar. Wir sind einsam. Wenn wir uns doch an den Heiligen Geist klammerten wie an den letzten Strohhalm – uns wäre geholfen.

Wenn die Familie von allen guten Geistern verlassen ist, kann Pfingsten zum Hoffnungsträger werden.

Bei uns ist alles hinüber und vorbei. Wir merken das schon lange. Nichts geht mehr: keine sinnvollen Gespräche, kaum gute Worte, keine Bereitschaft zur Veränderung, kein Hauch von Zärtlichkeit, keine gemeinsamen Hoffnungen. Wenn wir doch dem Heiligen Geist in unseren Familien das Recht auf Widerspruch und Zuspruch, also Mitspracherecht, einräumten – wir kämen voran.

Wenn die Politik von allen guten Geistern verlassen ist, muss Pfingsten ins Parlament.

Das Geschwätz und der Betrug, das Machtgerangel und der Ausverkauf von Moral, der Umgang mit der Wahrheit und die korrupte Selbstbedienungsmentalität, perfides Ausspielen von formalem Recht gegen das Prinzip Gerechtigkeit, das Abzocken der Kleinen und die Schonung der Großen sind Folgen einer ebenso unverantwortlichen wie unbrauchbaren Geistlosigkeit. Wenn doch ein Hauch des Heiligen Geistes in das Parlament einzöge – Politik würde verwandelt werden.

Wenn die Wirtschaft von allen guten Geistern verlassen ist, braucht Pfingsten eine Konjunkturspritze.

Die Diktatur des Kapitals. Das beherrscht Denken und Handeln. Mit der Bibel lässt sich diese Art von Brutal-Ökonomie weder begründen noch verkaufen. Obwohl: Die meisten auf der Sonnen-Seite des Lebens gehören zu den Vertretern einer Kirche. Sie haben den Boden des Christentums längst verlassen. Kapitalistischer Egoismus von Einzelnen wie von Interessengruppen wird von einem unerhört höllischen Geist bestimmt. Wenn doch in Planungsbüros und auf Chefetagen wenigstens gelegentlich dem Heiligen Geist ein Fenster geöffnet würde – es ginge menschlicher zu.

Wenn die Kirche von allen guten Geistern verlassen ist, wird Pfingsten zur Chefsache.

Das unselige Bündnis zwischen Thron und Altar, die Diktatur von Paragraphen, die hausgemachte Ungerechtigkeit in der Entlohnung von Pfarrern und Mitarbeitern, der mangelnde Mut zu radikalen Veränderungen und: wenn Angst heimlicher Ratgeber geworden ist. Wenn doch der Heilige Geist das Sagen haben dürfte – unsere Kirche müsste um ihre Zukunft keine Angst haben.

Komm Heiliger Geist – Komm!

Bring Leben in unsere Körper und Ordnung in unsere Gedanken.
Bring Sinn in unser Wollen und Mut in unsere Herzen.
Bring Klarheit in unsere Verhältnisse und Gewissheit in unseren Glauben.
Bring Licht auf unsere Wege und Freude in unsere Gemeinschaft.
Erfülle mit deinen Zielen unseren Tag, mit deinen Kräften unsere Häuser.

Erfülle mit deinem Frieden unsere Konflikte,
mit deiner Leichtigkeit unsere Sorgen.
Erfülle mit deinem Schwung unsere Kirche,
mit deiner Hoffnung unsere Gemeinden.
Erfülle mit deiner Gerechtigkeit unsere Wirtschaft,
mit deiner Einsicht unsere Politik.
Berühre unseren Geist, verändere ihn, erneuere ihn,
richte ihn aus und wecke ihn auf.
Komm Heiliger Geist – Komm!

Shlomi lehnt an der Telefonzelle auf dem Platz vor S. Chiara und sagt vieles gern durch die Blume

Schon lange gibt es ihn – diesen Kiosk in der Nähe der Telefonzelle am großen Platz vor der Kirche S. Chiara im Herzen von Assisi. S. Chiara wurde das Zuhause der Klarissinnen. Francesco war tot. San Damiano, ihr bisheriges Domizil, lag zu weit außerhalb der Mauern. Zu gefährlich für allein lebende Frauen. Die Statue der Clara mit der Laterne vor dem Eingangsplatz zu San Damiano erinnert an jene kriegerischen Sarazenen, die die Schwestern überfallen wollten.

Bei ihrem Umzug „klauten" die Klarissinnen das Original-Kreuz aus dem Kirchenraum und nahmen es mit. Bis heute hängt es nun in S. Chiara. Ein Anziehungspunkt für viele Assisi-Touristen und -Pilger.

In einer Vitrine in der Krypta findet Shlomi die Aufzeichnung einer kleinen Story mit der Überschrift „Ein Gleichnis für fast alle Konflikte". Und auch diesen Fund „sichert" sie. Sie schreibt ihn schnell ab und nimmt ihn mit.

FUND 16: EIN GLEICHNIS FÜR FAST ALLE KONFLIKTE

Von Tarek, meinem muslimischen Freund, und Saphat, meinem koptischen Freund (beide Kairo), erfuhr ich eine für mich erstaunliche Neuig-
keit. Sie hatten in einem Gespräch mit ihrem Bekannten aus Bethlehem
das Folgende erfahren. Alles freilich unter Vorbehalt:

Vor etwa vier Jahren wurde bei einem israelischen Angriff ein Haus in
Bethlehem (Straße vergessen) zerstört. Bei Aufräumarbeiten kommen
Reste von Fundamenten zum Vorschein. Fachleute vor Ort stufen sie als
ungewöhnlich alt ein. Die daraufhin eingeleiteten Untersuchungen im
Labor ergeben, dass sie höchstwahrscheinlich aus der Zeit um Jesu
Geburt stammen. Das Grundstück wird sofort abgesperrt und gut be-
wacht. Ausgrabungen bis in eine Tiefe von sechs Metern lassen vermu-
ten, dass es sich um einen sogar sensationellen Fund handelt. Einige
der beteiligten Forscher überraschen die Öffentlichkeit mit der Feststel-
lung, hier sei die Stelle, wo sich der „Stall von Bethlehem" befunden
habe. Die Nachrichten überschlagen sich. Die fünf oder sechs Ausgrä-
ber erzählen von geheimnisvollen Wahrnehmungen. Seit sie dort
unten arbeiteten, fühlten sie sich auf merkwürdige Weise „anders". Auf
Nachfragen heißt es: „leichter", „ausgeglichener", „versöhnlicher",
irgendwie „friedlicher". Das spricht sich herum. Man lässt fremde Beobachter zu. Mit ähnlichen Ergebnissen. Heißt das, dass von diesem
möglicherweise sogar heiligen Ort heilsame Wirkungen ausgehen? Ist
dieser Ort von einem besonderen, möglicherweise sogar Heiligen Geist
erfüllt? „Stille Nacht, heilige Nacht" – heute? Es ist inzwischen internati-
onal geworden. Betuchte Interessenten gründen eine Stiftung. Eine
Kommission wird eingesetzt. Sie entwickelt einen Plan. In zwei bis drei
Jahren soll an diesem Ort eine Begegnung stattfinden. Eingeladen werden aktuelle Konfliktparteien aus aller Welt. Heute wären das beispielsweise Amerikaner und Afghanen. Arme (aus Bolivien, Eritrea, Südost-
asien beispielsweise) und Reiche (aus den westlichen und nördlichen
Ländern). Obdachlose und Milliardäre. Übrigens: Mit Vertretern solcher
Gruppen hat man bereits unverbindliche Kontakte geknüpft. Man will
zum gegebenen Zeitpunkt auch Streitpartner vom bethlehemitischen

Gericht (Ehescheidung, Gewaltdelikte, Besitzansprüche) direkt zum Grabungsort bringen lassen. Deren Einverständnis natürlich vorausgesetzt. So weit geht das schon. Doch es gibt Gegner. Einflussreiche Gegner. Die Internetplattform ist bereits gesperrt. Was ist da los? Es werden seit einiger Zeit zunehmend Zweifel geschürt daran, dass die untersten Fundamente etwas vom „Stall von Bethlehem" dokumentieren. Das hat, davon sind die Forscher überzeugt, im Wesentlichen kommerzielle Gründe. Es gibt ja bereits die Geburtskirche mit einer entsprechenden Grotte. Und die bringt durch den mehr oder weniger religiösen Tourismus viel Geld, obwohl ihre historische Wahrheit fragwürdig ist. Sie hat bisher auch wenig zum Frieden in der Welt beigetragen. Die Religionen und Konfessionen liegen dort bis heute im Dauerstreit. Es sieht nun ganz so aus, als ob die begonnenen Ausgrabungen nicht fortgesetzt würden. So leicht aber geben die Beteiligten nicht auf. Das angekündigte Treffen soll vor Ort in zwei bis drei Jahren jedenfalls stattfinden. Die Kommission wird in dieser Sache von der Stiftung weiter unterstützt. Sie bringt demnächst ein kleines Symbol heraus – vermutlich aus Bronze – das dann verschiedensten Konflikt-Parteien zugänglich gemacht wird. Es soll ein Foto von der Grabungsstätte enthalten und einen mehrsprachigen Text. Die deutsche Version in der umgangssprachlichen Variante lautet:

„Denk ich an Bethlehem, denke ich an Frieden. Denke ich an die Botschaft, die von dort ausgegangen ist, ticke ich anders. Denke ich an die Versöhnungskraft, die noch heute an diesem Ort spürbar wird, ist Zukunft nicht nur ein Traum. Denke ich an die Geschichte jenes Kindes, bin ich nie am Ende."

Shlomi wartet am „Schweinestall" auf die Lichter am Berg gegenüber

Die Unterkunft in der Via Paradieso gehört zu einem Kloster, das seit vielen Jahren von den Deutschen Schwestern zum Heiligen Kreuz bewohnt und bewirtschaftet wird. Ein steinernes Haus mit einer steilen Treppe zu den Wohnräumen. Gebäude, die früher als Schweinestall genutzt worden sind. Alles nutzbar für Einzelgäste und Gruppen. Shlomi fühlt sich alljährlich dort „sauwohl" (um drastisch auf die angesprochene Vergangenheit anzuspielen). Bei einigermaßen schönem Wetter sitzt sie abends gern vor dem Haus, den milden Klosterwein in greifbarer Nähe, gegenüber die „Stadt am Berg". Drüben gehen allmählich die Lichter an. Bald bricht die Nacht herein und bringt das „Mittelalter" zum Leuchten. Faszinierend, anregend und beruhigend. Nachhaltig eindrücklich. Shlomi hört täglich Nachrichten. Schon fast ein Mantra ist die Rede davon, dass die „Schere" zwischen Arm und Reich immer weiter aufgeht. In Europa auch. Erst recht zwischen Nord und Süd. Es ist der „Schweinestall", der Shlomi zum ohnmächtigen Protest provoziert. Wie viele Zeitgenossen auch. Sie „macht" aus dieser Mischung von Gedanken und Gefühlen einen kleinen Text. Den wird sie später zu Hause verwenden. Shlomi kommuniziert inzwischen beinahe täglich mit ihren besten Freunden im Internet.

FUND 17: WÜRDE FÜR LOSE!

OBDACHLOS – WISSEN SIE, WAS DAS HEISST?
Kein Raum zum Wohnen – kein Raum zum Lernen – kein Raum zum Lieben
Infiziert werden – isoliert sein – resigniert haben
Ratten – Schlamm – Angst

BESITZLOS – WISSEN SIE, WAS DAS HEISST?
Kein Bett – kein Bad – kein Geld – kein Recht – kein Grab
Weder Feld noch Frau – weder Tisch noch Tanz

Leben ohne Rhythmus und ohne Initiative
Leben ohne Veränderung und ohne Verbesserung
Leben ohne Hochzeit und ohne Heimat

RECHTLOS – WISSEN SIE, WAS DAS HEISST?
Nicht sicher sein, ob der nächste Satz erlaubt ist
Nicht sicher sein, ob am Abend die Familie komplett ist
Nicht sicher sein, ob das, was man heute hat, einem morgen noch
gehört
Hinausgeschmissen werden
Aus der Wohnung und aus dem Betrieb und aus der Klinik und aus der
Schule
Provoziert – denunziert – schikaniert
Gejagt – getreten – gefangen
Gesteigerte Angst – gesteigerter Hass

HEILLOS – WISSEN SIE, WAS DAS HEISST?
Wenn der Krebs im Körper zu Hause ist
Wenn die Kraft zum Atmen fehlt
Wenn die Gedanken nur Chaos sind
Der blinde Mensch – wie ein Haus ohne Fenster
Der lahme Mensch – wie ein Flugzeug ohne Triebwerk
Der stumme Mensch – wie ein Computer ohne Wiedergabe

BROTLOS – WISSEN SIE, WAS DAS HEISST?
Geldleere Hände – vitaminleerer Magen – blutleerer Kopf
Leben wie ein Wrack – sterben wie das Vieh
Verhungert und entsorgt – wie überflüssiger Müll
Freiraum geschaffen – zum Sterben auf Raten

FRIEDLOS – WISSEN SIE, WAS DAS HEISST?
Vielleicht vom letzten Krieg – zig Jahre her
Vielleicht von Halbkugel Süd oder vom Nahen Osten – zig Kilometer
weit weg

Vielleicht vom Bildschirm – wo grausamer Krieg zum spannenden
Krimi wird
Vergewaltigte Mütter – vergewaltigte Saaten
Spielende Kinder in Bombentrichtern
Lernende Kinder in Luftschutzbunkern
Sterbende Kinder nach Raketenbeschuss
Werdende Kinder – wozu

Shlomi kommt in Spello aus dem Staunen nicht heraus

Schon die Fahrt rund um den Subasio! Ein Wunder-Wander-Weg.
Die Blicke auf die Bergrücken und in die Täler sind berauschend schön.
Shlomi hält immer wieder an, steigt aus, schaut. Spello ist das Ziel.
Am Sonntag nach Fronleichnam eine Attraktion. Die kleine Stadt liegt
wie Assisi am Berg. Man kann nach Assisi hinüberblicken. In der Sonne,
traumhaft. Jährlich an diesem Sonntag feiern sie hier – und in anderen
Orten der Region – ihr Blütenfest. Klein und Groß ist schon früh auf den
Beinen. Kirchen, Buden und Tavernen sind bald nach Sonnenaufgang
geöffnet. Die Nacht über war man damit beschäftigt, Wege und Plätze
mit Mustern aus Blüten zu belegen. Tagsüber bestaunt und bewundert
von einigen tausend Besuchern. Schweißgebadet zieht die Prozession
durch die Straßen am Berghang. Fröhlich und friedlich das großartige
Treiben. Andenken der verschiedensten Art werden angeboten.
Shlomi sieht ein kleines hölzernes Sonnenkreuz. Ein nachdenklicher
Text ist darauf gemalt. Sogar hier wieder mehrsprachig. Shlomi zögert
nicht lange. Und schon gehört das Kleinod zu ihrem „Bestand".

FUND 18: EIN MENSCH, DER LEBT ALLEIN VOM BROT

Ein Mensch
Der lebt
Allein
Vom Brot

Ist wie ein Fisch
Der nach Luft schnappt
Auf dem Trocknen
Ist wie ein Stier
Der immer zu kurz kommt
In der Arena
Ist wie die Maus
Die den Speck nagt
In der Falle
Ist wie das Kind
Das nach Liebe schreit
Trotz Taschengeld
Ist wie einer
Der ein Haus baut
Nur auf Sand

Und

Am Brot
Allein
Erstickt
Der Mensch

Ein Mensch
Der lebt
Allein
Vom Brot
Ist selbst dran schuld
Wenn
Das so bleibt

Shlomi feiert im Wald bei Greccio Weihnachten mitten im Sommer

Es muss sein. Auch wenn es fast hundert Kilometer sind. Greccio muss sein! Es gibt nur einen einzigen Grund. Shlomi will dorthin, wo mitten im Wald Francesco 1223 Weihnacht gefeiert hat. Mit der Bevölkerung aus dem ganzen Umkreis. Die Krippe war schnell errichtet. Die Tiere brachten die Bauern mit. Sie gehörten sozusagen zum „Weihnachtsbild". Seitdem sind – weltweit – die Weihnachtskrippen aus der Weihnachtsausstattung nicht wegzudenken. Hier holt Shlomi aus den Tiefen ihrer Tasche einige Blätter hervor und beginnt für die umstehenden Gruppen – unabhängig vom Termin, es ist immer noch Sommer – die Weihnachtsgeschichte aus dem Lukasevangelium zu lesen. An mehreren Stationen liest sie Übersetzungsvarianten dieser bekannten Geschichte. Für die Beteiligten ungewohnt, aber unvergessen.

FUND 19: TRANSFORMATIONEN WEIHNACHTSEVANGELIUM

Als der Himmel zur Erde kam

Es begab sich aber zu der Zeit,
als die Völkergemeinschaft aus der Bahn geworfen wurde. Eine Krise
löste die andere ab und jedes Mal war danach nichts mehr so wie es
vorher gewesen war. Verantwortungsträger warfen sich nicht mehr die
Bälle zu, sondern schoben sich gegenseitig die Schuld in die Schuhe.
Der Terror war zum Nachbarn geworden.
Es begab sich aber zu der Zeit,
als der blaue Planet aus den Fugen geriet. Erdbeben und Flutwellen
füllten die Schlagzeilen. Die Arktis verlor fast die Hälfte ihrer Eisdecke.
Fachleute sagten den Anstieg des Meeresspiegels um bis zu sieben
Meter voraus. Viel zu viele waren auf dem grünen Auge blind.
Es begab sich aber zu der Zeit,
als die Ehrlichen die Dummen waren und die Banker weltweit zu den
geschütztesten Arten zählten. Armut breitete sich aus wie in früheren
Zeiten die Pest. Der Glaube schwächelte bedenklich. Die Liebe war zum

Pflegefall geworden. Und schon die kleinste Hoffnung wurde im Keim erstickt.

Da geschah es,

fernab von Autobahnen, jenseits aller Fluglinien, außerhalb aller Ladenstraßen

und abseits aller elektronischen Verkehrswege.

Da geschah es,

dass – wie es später hieß – der Himmel zur Erde kam.

Nicht kosmische Strahlung. Nicht interstellare Masse. Nicht mal ein erloschener Stern.

Ein Kind wurde geboren. Hilflos, ausgeliefert, angewiesen. Und das nun war wirklich neu:

In diesem Kind der ganze Himmel. In diesem Kind das, was die Welt wirklich braucht: Gerechtigkeit statt Diktatur der Paragraphen, Frieden statt Rekordprofite für Waffen, Sinn für Schöpfung statt blutige oder unblutige Kämpfe um mehr oder weniger Besitz. In der Nähe dieses Kindes konnten Menschen zu sich selbst, zueinander und zu Gott kommen. Dieses Kind hatte es in sich. Besonders seine Mutter spürte und bewegte das in ihrem Herzen.

Das Erstaunliche:

Viele begrüßten diese Geburt. Proletarier aller Länder wie die oberen Zehntausend.

Viele ahnten, dass dieses Kind zu tun haben muss mit dem Licht der Welt, mit einem ganz neuen Leben, mit einer Hoffnung über jedes Grab hinaus.

Viele gingen danach zur Tagesordnung über. Einige aber anders. Ganz anders.

Das waren die, die sich besannen. Das waren die, die ihr Leben änderten. Das waren die, für die Anbetung keine Zeitvergeudung war.

Immer noch wird dieses Fest gefeiert.

Immer noch erinnert es an die ungewöhnliche Fusion von Himmel und Erde.

Immer noch ist in vielen Sprachen diese einmalige Geschichte zu hören.

Immer noch wird in Liedern und Spielen eine grenzenlos tiefe Freude transportiert.

Immer noch weckt die alte Botschaft neue Liebe zwischen den Menschen.

Engel waren es, die das zuerst bekannt gemacht hatten.

Engel müssen das sein, die dafür sorgen, dass das so bleibt.

Von einer notwendigen Einmischung

Es begab sich zu der Zeit, als in 60 Ländern bereits 35 000 Menschen spurlos verschwunden waren und als in einem der reichsten Länder des afrikanischen Kontinents die Arbeitslosigkeit auf 85 Prozent stieg.

Es begab sich zu der Zeit, als Vergewaltigung die neuste Waffengattung bildete und als brutaler Mord durch Kinderhand die Weltbürger für nur kurze Zeit aufgeschreckt hatte.

Es begab sich zu der Zeit, als die Vergangenheitsbewältiger jahrelang vergessen hatten, die Gegenwart zu bewältigen, und als auf der nördlichen Erdhälfte immer weniger Kinder geboren wurden, während weiter südlich immer mehr Kinder starben.

Es begab sich zu der Zeit, als der Weihnachtssinn im Weihnachtsrummel nahezu endgültig unterging und als die Läden immer voller, aber die Herzen immer leerer wurden.

Da geschah es, dass viele Menschen, besonders die nichts zu verlieren hatten, im Stimmengewirr ihrer Zeit die eine Stimme immer deutlicher vernahmen, die immer eindringlicher rief:

„Geht zurück! Geht zurück zu jener Grotte, in der jene Krippe stand. Geht zurück zu dem Kind, das den Straßenkindern von heute so zum Verwechseln ähnlich sah. Geht zurück, schaut es an, erinnert euch! Das ist er, der Aller-Welt-Hoffnungs-Träger! O Gott, welch ein Kind. O Gott, ecce homo. Doch so ganz anders als alle Hoffnungsträger aller Zeiten. Geht zurück zu denen, die von ganz unten kamen und an jener Krippe neuen Lebensmut empfingen. Geht zurück zu denen, die von ganz außen kamen und an jener Krippe neuen Lebenssinn entdeckten. Geht zurück zu jener Quelle. Es heißt: Euer künftiges Leben wird sich verändern."

Die diese Stimme nicht überspielten, übergingen oder überhörten, merkten bald, dass jene Erinnerung alles andere als ein Hirngespinst ist. Es fiel ihnen wie Schuppen von den Augen. Hatten sie doch schon lange geahnt, dass sie so wie „alle Jahre wieder" nicht weitermachen konnten. Und mit einer vorsichtigen, ganz leisen Freude begannen sie, auf andere Menschen zuzugehen. Und sie fingen an, ihre Zeit als eine neue Zeit zu empfinden und zu bewerten.

Und die ihnen begegneten, kamen ins Fragen. Vielleicht stimmt es, paradoxerweise:

Von der ersten Schätzung des Friedens

Es begab sich aber zu der Zeit, dass ein Angebot gemacht wurde aus dem Osten, den Frieden zu schätzen, und diese Schätzung war die allererste und geschah zu der Zeit, als keiner damit rechnete.

Und viele kamen in die geteilte, in die eingeteilte Stadt: Schriftsteller und Wissenschaftler, Neugierige, Bewusste und Engagierte. Da machte sich auf auch Josef aus der Provinz mit Maria, seiner Frau, die war schwanger, schwanger vom Frieden, vom Frieden für alle und alles. Und es wurde Zeit, dass sie den Frieden zur Welt brachte. Und sie gebar den Weltfrieden an der heißesten Grenze der Zeit. Und er hatte Hand und Fuß. Und sie wickelte ihn in Worte und übergab ihn den Kameras und Mikrofonen, denn sie hatte keine andere Möglichkeit in den damaligen Verhältnissen.

Und es waren Beobachter an den Bildschirmen, die verfolgten des abends die bewegende Szene. Und siehe, jemand sprach in seltener Klarheit zu ihnen: „Uns kann nur noch retten, was eigentlich nicht geht, was wir eigentlich nicht für möglich halten."

„Des Herren Engel" hätte das nicht besser sagen können.

Und es kamen zu dieser Stimme noch viele andere, die warnten sich und drängten einander: „Friede auf Erden!"

Sehr leise, aber unüberhörbar eindringlich klang in jener Zeit das „Ehre sei Gott in der Höhe".

Und als die Sendung zu Ende war, sprachen die Leute untereinander: „Lasst uns damit rechnen, dass dies noch geschieht, solange wir leben!", und sie hatten es auf einmal eilig, den Frieden zu finden, den Maria zur Welt gebracht hatte. Und da sie ihn schließlich endlich im Blick hatten, konnten sie ihn vor Augen malen, wohin sie auch kamen.

Und alle, die damit zu tun bekamen, lernten wieder das Staunen und das Träumen und das unbeschreibliche Gefühl, einen neuen Anfang machen zu können. Es ging ihnen wie Maria, deren Gedanken immer wieder um das gleiche Thema kreisten.

Und soweit sie ihn noch kannten, lobten sie Gott für die Entdeckung, dass Rettung immer das ist, was eigentlich keiner für möglich hält. Aber die Vorgänge in ihrem östlichen Nachbarland stellten diese Hoffnung auf eine sehr harte Probe.

Weihnachts-Hoffnung / Variante 1

Es begab sich aber zu der Zeit, dass ein Gebot von den Weisen der Erde ausging, die Gewalt zu messen. Und diese Maßnahme ist die erste dieser Art und geschieht in den Tagen, als die Gewalt sich anschickt, die Menschengemeinschaft zu unterwandern. Die Mächtigen machen die Gewalt sauber für ihre kleinen Weltkriege. Die Medien scheinen der Gewalt nahezu total ausgeliefert zu sein. Die Schulen können ihr offensichtlich nichts mehr entgegensetzen. Die Kirchen sind wie so oft zu sehr mit sich selbst beschäftigt. Und die Eltern fühlen sich dem Problem gegenüber zunehmend ohnmächtig.

Da wird ein Kind geboren. Und es heißt, in diesem Kind habe die Gewaltlosigkeit auf Erden Fuß gefasst. In ihm sei sie mit Händen zu greifen. In ihm hätte sie Gesicht und Stimme bekommen. Von ihm ginge ein neues Denken aus. Mit ihm sei ein neuer Lebensstil möglich. Künftig könnten Konflikte ohne Gewalt gelöst werden.

Im Abseits beginnt diese menschgewordene Gewaltlosigkeit zu wachsen. Zunächst ist kein Raum für sie da. Dann aber macht sie sich auf, überschreitet immer mehr Grenzen. Sichtbare und unsichtbare. Die Zukunftsfähigen unter den Menschen verbreiten in allen Sprachen die Hoffnung, dass jene Gewaltlosigkeit nicht mehr aus der Welt zu schaffen sei. Und inzwischen mehren sich die Stimmen, die da sagen, nur die dürften „Menschen guten Willens" genannt werden, die der Gewalt keine Chance geben.

Von fern hört man einen wunderbaren Gesang. Engel müssen das sein, die zusammenbringen, was zusammengehört: „Ehre sei Gott in der Höhe und Friede auf Erden."

Weihnachts-Hoffnung / Variante 2

Es begab sich aber zu der Zeit, dass ein Gebot von ganz oben ausging, dass alle Gewalt gemessen werden soll. Und diese Maßnahme war die erste dieser Art und geschah zu der Zeit, als die Armen immer ärmer und die Reichen immer reicher wurden. Und es stellte sich heraus, dass sich in den Ozeanen und in der Atmosphäre und auf den Kontinenten zuviel Gewalt ausgebreitet hatte.

Da wurde ein Kind geboren, von dem es hieß, es sei die Gewaltlosigkeit in Person – sozusagen mit Händen zu greifen. Im Abseits übrigens begann diese Gewaltlosigkeit zu wachsen. Zunächst war kein Raum für sie. Dann aber machte sie sich auf und überschritt viele Grenzen, sichtbare und unsichtbare. Und es scheint, dass *diejenigen* recht behalten sollen, die da sagen: sie, die Gewaltlosigkeit, die damals auf dieser Erde Fuß gefasst hatte, sei nicht mehr aus der Welt zu schaffen. Man sagt, das sei das Glück unserer Erde. Man sagt, es sei wichtig, auf dieses Glück zurückzukommen. Man sagt, dass dann die Gewalt keine Chance habe.

Inzwischen mehren sich die Stimmen, die mit zurückhaltender Begeisterung, aber mit innerster Überzeugung davon reden, dass nur solche Menschen, die dieser leibhaftigen Gewaltlosigkeit ähnlich seien, „Menschen guten Willens" genannt werden dürften.

Weihnachtliche Aktualität

Es begab sich zu der Zeit der vielen Bildschirme, dass von höchster Stelle eine Wortschätzung angeordnet wurde. Diese Wortschätzung war die erste ihrer Art und geschah zu der Zeit der überflüssigen Worte, der leeren Herzen, der giftigen Meere, der schnellen Kriege, der häufigen Katastrophen, der brutalen Selbstmordanschläge.

Viele Worte machen sich auf den Weg: Pegida und Al Qaida, Arbeitslosigkeit und Billigangebote, Kindersklaven, Vergewaltigung und Fremdenhass – nur beispielsweise.

Auch das alte Wort GLAUBE macht sich auf ins Heilige Land im Nahen Osten mit seiner Schwester HOFFNUNG. Sie kommen nach Bethlehem zu Palästinensern und Israelis. Durch Minenfelder, verwüstetes Land, verlassene Dörfer, überfüllte Lager.

HOFFNUNG ist hochschwanger. In Bethlehem ist es dann soweit. Und ein wundervolles Kind kommt zur Welt: LIEBE. Geboren im Zelt, in Angst und Nacht. Ein Flüchtlingskind. Freund und Fremder zugleich. Ohne festen Wohnsitz. Vor der Stadt sind Ausgegrenzte. Sie hüten ihre Angst und ihre Armut. Viele fürchten um ihr Leben. Plötzlich wird ihre Nacht zum Tag. Ein Engel steht neben ihnen und eine bis dahin unbekannte Klarheit umflutet sie alle. Trotzdem befällt sie große Furcht. Da spricht der Engel zu ihnen: „Fürchtet euch nicht! Ich verkünde euch große Freude, die allen Menschen gilt. Euch ist heute die LIEBE geboren. Ihr werdet sie finden bei HOFFNUNG und GLAUBEN. Sie erleuchtet die Welt durch alle Zeiten. Und das ist kein Winter-Märchen. Es ist die reine, die volle, die einfache Wahrheit!"

Shlomi besucht La Verna und kann es einfach nicht fassen

La Verna – zwischen Assisi und Cesena – ist ein eher unwirtlicher Ort; für die Biografie des heiligen Franziskus aber von höchster Bedeutung und für alle seine Freunde von höchstem Interesse. La Verna – gelegen in einer damals unbewohnten, von Felsen und Höhlen durchzogenen Wildnis – war ein wichtiger Rückzugsort für Francesco, seine Freunde und Brüder. Es ist der Ort, wo er seine Stigmata erhalten haben soll. Ein ebenso bezweifeltes wie bezeugtes Geschehen. „Stigmata": Nägelmale am Körper des gekreuzigten Jesus von Nazareth werden auf den Körper von auserwählten Menschen sozusagen projiziert oder transformiert. Nur ganz wenigen Menschen ist das bisher widerfahren. Franziskus gehört zu ihnen.

Natürlich ärgert sich Shlomi, dass damit auch so manches Geschäft gemacht worden ist und immer noch gemacht wird. Doch beeindruckend ist der Besuch zwischen jenen Felsen schon. Die Zeit vor 800 Jahren war eine Zeit voller Angst. Höllenängste im wahrsten Sinne des Wortes. Der Glaube war für viele ein Werkzeug gegen die Angst.

In den fast schon musealen Räumen in und um La Verna wird ein Lied angeboten „Gegen die Angst". Shlomi lässt sich das nicht entgehen.

FUND 20: LIED GEGEN DIE ANGST

Sperr deine Angst nicht in dir ein
Sie brennt dich aus und dir bleibt nichts
Gib deine Ängste frei
Und du wirst sehn:
Die Angst
Muss wirklich nicht das Letzte sein
Das wär
Nicht nur für dich ein Segen Gottes

Sperr deine Angst nicht in dir ein
Sie explodiert und dann ist's aus
Denk nicht, Angst wär modern
Und du wirst sehn:
Die Angst
Muss wirklich nicht das Letzte sein
Das wär
Nicht nur für dich ein Segen Gottes

Sperr deine Angst nicht in dir ein
Sie wirkt wie Gift und du gehst drauf
Zwing deine Angst ins Wort
Und du wirst sehn:
Die Angst
Muss wirklich nicht das Letzte sein
Das wär
Nicht nur für dich ein Segen Gottes

Sperr deine Angst nicht in dir ein
Sie wächst wie Krebs und wirft dich um
Prüf, ob ein Recht sie hat
Und du wirst sehn:
Die Angst
Muss wirklich nicht das Letzte sein

Das wär
Nicht nur für dich ein Segen Gottes

Sperr deine Angst nicht in dir ein
Sie ist zu stark – du unterliegst
Teil sie mit anderen
Und du wirst sehn:
Die Angst
Muss wirklich nicht das Letzte sein
Das wär
Nicht nur für dich ein Segen Gottes

Shlomi schlendert durch den Hafen von Syrakus

Syrakus hat mit Assisi natürlich nichts zu tun. Aber Shlomi ist auf ihren Reisen auch einmal dort gelandet. Auf einer Bildungsreise quer durch und rund um Sizilien. Das erste Mal in ihrem Leben betrachtet Shlomi auf einem Fischmarkt einen ausgewachsenen Schwertfisch. Kaum jemand, der diesem Tier begegnen möchte. Und Shlomi kommt ins Nachdenken. Ins „Spinnen", wie man so sagt. Es ist, als ob jener Schwertfisch anfängt, „Botschaften auszusenden". Aber da ist Shlomi beim Umherschlendern schon auf dem Gemüsemarkt angekommen. Erstaunliche Angebote. Durchaus preiswert. Auch für das Auge eine Delikatesse.

Woran sie immer wieder denken muss: der Sound dieses alten Hafens. Sie hört fast ohne Unterbrechung eine Gemisch von verschiedensten Tönen, ein Gewirr unterschiedlichster Stimmen, eine vielfältige Art oft kaum definierbarer Musik. Ein allgegenwärtiges Phänomen, das sie aber nicht so richtig orten kann. Es ist halt da. Sie ist halt da. Musik – oder wie soll sie das Ganze sonst nennen?

Kairos-Phänomene der Musik – ein trinitarischer Effekt

Musik hat ein erstaunliches Potenzial an Kreativität.
Sie aktiviert, intensiviert, konkretisiert Kommunikation.

Musik hat ein erstaunliches Potenzial an Transformation.
Sie spiritualisiert, somatisiert, reflektiert Kommunikation.

Irland

Shlomi leiht sich für ihre Streifzüge am Shannon-River ein Fahrrad

Shlomi und die Grüne Insel! Linksverkehr! Pubs mit Live-Musik! Alte Mauern um Golfanlagen! Lauter Eckchen und Fleckchen, um die sich spannende Geschichten ranken.

Die alte Schlossanlage beispielsweise. Sie ist schon fast eine Ruine. Doch sehenswert geblieben. Wie mögen sie einst da drinnen gehaust haben? Welche Gewohnheiten haben sie über Generationen tradiert?

So umherradeln – meist am Shannon-River.

So herumdösen – meist programmlos, halt nur so.

Bis Shlomi in einem Pub an der Straße nach Athlone den Nachfahren eines Sachsen trifft. Der heißt auch noch Manfred. Sein Vater stamme aus der Lausitz. Ihn habe es über das ehemalige Westdeutschland nach Irland verschlagen. Er habe, noch in Deutschland, eine Irin geheiratet. Und dann war Manfred halt „gekommen". Inzwischen ein waschechter Ire. Inzwischen eine nette Familie mit zwei aufgeweckten Jungen. Inzwischen Betreiber einer Bungalow-Anlage mit Guiness-Ausschank. Geraldine, seine Frau, kann Irish-Coffee kochen wie niemand anderes. Was hat Shlomi dort nicht alles erlebt! Manfred zeigt Shlomi viel von der näheren und weiteren Umgebung und überredet sie zu interessanten Touren. Clonmacnoise, Connomare, die Cliffs of Mohaire. Es sind noch viel mehr Ziele. Manfred hat einen Hochseefischerei-Schein, kann also weit draußen auf Hecht-Fang gehen. Aber schon beim Angeln vor der Haustür staunt Shlomi immer wieder. „Du kannst nur soviel fangen, wie du essen kannst" – hieß es immer wieder. Dann kramt Manfred in seinen Utensilien. Er holt zwei Zeitungsartikel hervor. Die haben ihm Freunde geschickt. Und die hat er aufgehoben. Aber jetzt – jetzt kann sie Shlomi haben. Die Artikel hätten sicher mal ihre Wichtigkeit gehabt. Die Inhalte deuten jedenfalls darauf hin. Nun gut. Manfred kramt weiter. Er wäre vor nicht allzu langer Zeit noch oft durch verschiedene Länder Südeuropas gezogen. Ein Mönch habe ihm einen „Neujahr-Segen" gegeben. Den habe Manfred ebenfalls gut aufbewahrt, liest ihn auch gelegentlich. Zur Stabilisierung – sagt er. Auch diesen Segen schenkt er nun Shlomi.

FUND 22: DIE MACHT DER GEWOHNHEIT ODER DIE GEWÖHNLICHE MACHT

Mach dir keinen Kopf. Du wirst dich dran gewöhnen. Dass du nur ein Kind bist, nur eine Frau, alt, fremd, behindert, anders eben. Dass du ohne Bock bist, ohne das nötige Geld, ohne Arbeit, ohne Liebe, ohne Zukunft. Und selbst daran wirst du dich gewöhnen: dass sie versehentlich auch Zivilisten getroffen haben und dass sie lebenswichtigste Industrien lahmgebombt haben. Das ist doch nicht gegen das Volk gerichtet. Jeder Sieg braucht Zeit und Geld. Was sind schon runde 400 Millionen pro Tag gegenüber dem, was rausgekommen ist. Opfer sind einkalkuliert. Das ist so. Außerdem: Nur im Krieg kann man Waffen ausprobieren und verkaufen. Seit dem Golfkrieg ist ja eine Ewigkeit vergangen. Gewöhn dich dran. Warum aber bomben die nicht China oder Ruanda oder die Türkei zur Vernunft? Die müssen da ihre Gründe haben. Ahnen Sie auch, welche? Behalten Sie das ja für sich. Maul zu. Rückgrat krumm. Augen zu. Das ist ja Gottseidank (hoppla: wieso denn das auf einmal?) alles weit weg. Und pass auf: Beide Seiten glauben sogar, dass sie einen großen Sieg errungen haben. Die jugoslawische Art? Die amerikanische? Die europäische? Wer redet denn da von Menschenrechtsverletzungen! Gewöhn dich dran. Moment mal! Wenn nun die ärmsten Länder der Erde die Amis oder die Euros zur Vernunft bomben? Solange, bis die einsehen, dass sie am Elend der Armen schuld sind? Lassen wir das. Wird das nun öfter geschehen: Wenn die Politik scheitert, darf das Militär ran. Kosovo ist noch lange nicht der letzte Beweis. Aber gehört das überhaupt noch zum wahren, richtigen Europa? Apropos Europa. Die demokratische Wahl-Walze geht über den Kontinent. Wir rücken zusammen. Wogegen oder wofür, das wird sich zeigen. Doch eins steht fest: Wenn Europa auch weiterhin auf Waffen setzt – dann gnade uns Gott. Aber der ist ja schon lange nicht mehr auf der Rechnung. Wenn das „Christliche Abendland" auch künftig auf die Menschlichkeit der Bibel pfeift – dann gnade uns Gott. Mal ehrlich: Haben Sie nicht auch schon manchmal gedacht: O Gott, wie lange noch lässt du sie ihre Scheiß-Kriege spielen. O Gott, auf welcher Entwicklungsstufe sind die eigentlich stehengeblieben. Und das betrifft beide Seiten.

O Gott, aber dass jetzt endlich Ruhe wird. Gott sei Dank! Liebe Euros! Verhaltet euch nicht wie Gewohnheitstiere. Wählt nicht Sicherheit oder Stärke. Das ging im letzten Jahrtausend meistens schief. Wählt Zukunft.

FUND 23: MARS TRIFFT ERDE

Haben Sie den schon gehört: „Der Mars trifft die Erde und sagt: Wie siehst du denn aus? Die Erde: Ich habe Homo sapiens. Darauf der Mars: Mach dir keine Sorgen, das kenne ich. Das geht schnell vorbei!" Homo sapiens – eine Krebsart? So was wie politischer Krebs? Manchmal denke ich: Die nördliche Halbkugel ist an diesem Krebs nahezu aussichtslos erkrankt, und auf der südlichen sind die unendlich vielen Metastasen nicht mehr zu übersehen.

Ich habe Gründe, an Krebs zu denken und von Krebs zu reden. Es gibt ihn eben auch in der ganz persönlichen Umgebung, in Verwandtschaft und Freundschaft, in Nachbarschaft und Gemeinde. Wie viele um die 40 oder um die 60 habe ich schon besucht und beerdigt. Wie viele werden es in diesem Jahr sein? Auch unsere Familie ist von Krebs betroffen. Ich bin Realist und gehe davon aus, dass viele von Ihnen mit vergleichbaren Problemen zu tun haben. Antworten fehlen. Fragen nerven. Gedanken bohren. Und die Hoffnung schwankt: dass es wieder gut wird oder dass es möglichst schnell geht.
Ich bin auf eine kleine Erzählung gestoßen. Sie scheint es fertig zu bringen, das Intime mit dem Globalen sinnvoll zu verbinden. Seit dem Urknall sollen 13,8 Milliarden Jahre vergangen sein. Ein unvorstellbarer Zeitraum. Was ist demgegenüber menschliche Lebenszeit? Das soll's dann gewesen sein? Immer mehr bewegt mich der Gedanke: Ich bin nur Gast auf dem blauen Planeten. Merkwürdigerweise begegnen mir immer öfter Menschen, die nach dem Woher und dem Wohin fragen. Nach Trost. Auch nach Hoffnung und Gewissheit.
Statt einer Antwort:

Vor etwa 150 Jahren lebte in Polen ein bekannter jüdischer Rabbi mit Namen Hofetz Chaim. Zu ihm kam eines Tages ein Besucher, um einen Rat zu erbitten. Als der sah, dass seine Wohnung aus einem winzigen Zimmer bestand, in dem sich nur Bank, Tisch und Stuhl und viele Bücher befanden, fragte er den Rabbi verwundert: „Meister, wo haben Sie Ihre Möbel und den Hausrat?" „Wo haben Sie Ihre?", erwiderte der Rabbi. „Meine?", fragte der verblüffte Fremde. „Ich bin doch nur zu Besuch hier. Ich bin doch nur auf der Durchreise!" „Ich auch", sagte der Rabbi.

Ich wünsche Ihnen eine gute Weiterreise im begonnenen Jahr.

FUND 24: SEGENSWÜNSCHE DER ETWAS ANDEREN ART
ANNO DOMINI 2014

ent gut – alles gut

entfesselte hoffnungen

entstörte gespräche

entschärfte beziehungen

entschlossene widerstände

entschiedene handlungen

entmachtete vorurteile

entkrampfte begegnungen

entwirrte gedanken

entdeckte blockaden

enteiste gefühle

entschlüsselte träume

entsicherte standpunkte

entsorgte teufelskreise

enttarnte gefahren

entschlackte seelen

Frankreich

Shlomi im Sand auf der größten Düne Europas unweit von Bordeaux

Es ist die größte Düne Europas. Unweit von Bordeaux. Da oben stehen. Den Sand genießen. Die Blicke schweifen lassen.

Das also ist der Atlantik. Seit Menschengedenken denkwürdige Ufer. Forscher sagen heute lapidar: Wir sind Atlantiker! Europa ist nicht (nur) vom Orient her, von Griechen und Römern „erobert" worden. Mal ganz abgesehen davon, dass die Berührungen mit der arabischen Welt dem beginnenden Europa unendlich wichtige Impulse verliehen haben. Und in vielerlei Hinsicht trägt unser heutiges Europa unübersehbare arabische Stempel. Wesentliche Erkundungswege, wesentliche Siedlungsprozesse geschahen vom Atlantik aus. So schärft die „größte Düne" unser Auge in die Tiefen europäischer Geschichte und in die Weiten des Atlantischen Ozeans.

Da oben wird Shlomi an eine kleine Meditation über unser Auge erinnert.

FUND 25: UNSERE AUGEN

Danke – für unsere Augen

Zum Staunen und Weinen
Zum Trösten und Lachen
Zum Fragen und Lieben

Wie ein Spiegel
Wie ein Fenster
Wie Magneten
Wie Signale
Wie Funken
Wie Becher

Lautlose Verstärker
Die internationalste Sprache der Welt
Die empfindlichsten und empfänglichsten Instrumente

Von höchster Stelle entworfen und entwickelt:
Eines unserer kommunikativsten Organe
Von Saint-Exupéry geadelt:
Man sieht nur mit dem Herzen gut

Shlomi kommt in die Pyrenäen bis ins Grenzgebiet Frankreich/Spanien und rastet in einer Ruine

Mit Shlomis Französisch ist es nicht weit her. Aber sie schlägt sich durch. Bis in die Pyrenäen. Shlomi merkt, dass sie sich überschätzt hat. Vielleicht hat sie auch die Karte falsch gelesen. Jedenfalls wird es merklich dunkel. Der Abend bricht herein. Der ansonsten gut begehbare Pyrenäenpaß ist bei Dunkelheit allerdings nicht zu empfehlen. Shlomi sucht ein Quartier. Eine Bleibe. Wenigstens für ein paar Stunden. Bis zum Morgengrauen. Das würde genügen. Da sieht sie ein verfallenes Haus. Fast eine Ruine. Dort wird sie sich einnisten. Es muss gehen. Der Himmel klar. Kaum Wolken. Der Mond nahezu in voller Größe. Shlomi erinnert sich an einen beinahe vergessenen Traum: „Der wundersame Traum der kleinen Brit". So eine Mischung aus lustig und nachdenklich. Immer zum Schmunzeln. Das ist vielleicht und hoffentlich das Richtige an diesem unwirtlichen Ort so im Grenzgebiet zwischen Spanien und Frankreich.

FUND 26: DER WUNDERSAME TRAUM DER KLEINEN BRIT

Sie kann noch gar nicht schreiben. Aber erzählen kann sie! Wie ein Buch! Und sie träumt – oft und viel. Manchmal schreckliche, manchmal herrliche Träume. Und fast immer begegnen ihr Tiere. In den ersten zwölf Oktobertagen dieses Jahres zum Beispiel erschien jede Nacht ein anderes Tier: einmal der massige Elefant TROTT mit seiner Lebensgefährtin TROTTA, ein anderes Mal der komische Ziegenbock MACBETH und am vergangenen Freitag das brave Schaf HERBERT mit seiner Frau HERTHA. Vorgestern hat sie vom gewaltigen Löwen CÄSAR berichtet, und vor einer Woche konnte sie nicht einschlafen, weil sie der nervöse Papagei AGAMEMNON immer wieder aufweckte. Gut kann sie sich an den stattlichen Wolf LUPUS erinnern mit seiner niedlichen Tochter LUPINE oder an die fleißige Biene SUSI, an das herrliche Pferd ROBERTO, an die listige Schlange SCHUZUSCHI und ganz besonders lustig muss der flinke Mäuserich FIPS gewesen sein. Begonnen haben die nächtlichen Besuche das faule Krokodil PLATSCH und die äußerst musikalische Amsel SENTA. Gestern nun träumte Brit ihren bisher wundersamsten Traum:

Brit schlief schon ganz fest und ganz tief. Da kam CÄSAR, der Löwe, unter ihre Bettdecke gekrochen, brüllte so leise wie möglich – nur so laut, dass die kleine Brit aufwachte. Dann musste sie aus der mächtigen Mähne des Löwen einen Zettel holen. Und weil sie noch nicht lesen konnte, las CÄSAR in fließendem Deutsch Folgendes vor:

„Liebe Brit! Wir wissen, wie sehr du uns Tiere magst. Deshalb musst du wissen, dass wir Tiere schreckliche Angst haben – davor, dass die Menschen die Erde kaputt machen, das Wasser verderben und die Luft vergiften. Für uns bleibt dann kein Platz, wo wir leben können. Das ist der Grund, weshalb wir uns zu einer tierischen Beratung auf einer winzig kleinen Insel in der fernen Südsee treffen wollen. Kein Mensch lebt dort. Und kein Mensch kennt diese Insel. Die Große Versammlung der Tiere wird an die Menschen der Erde eine Botschaft mit einer dringenden Bitte richten. Du, liebe Brit, bist der einzige Mensch, der jene Insel betreten darf. Und du sollst auch diejenige sein, die den Menschen unsere Botschaft überbringt. Also: auf Wiedersehen!"

Unterschrieben war das Ganze von AGAMEMNON, dem nervösen Papagei. Ausgerechnet der – dachte Brit. Sie kannte ihn ja aus einem früheren Traum. CÄSAR hatte zu Ende gelesen. Brit war sprachlos vor Staunen und vor Freude. Ich, die kleine Brit, darf auf die fremde Insel, wo die Große Versammlung der Tiere abgehalten werden soll! CÄSAR merkte, dass Brit schon gar nicht mehr richtig da war. Da leckte er mit seiner rauhen Zunge nach Brits Schulter: „Du, Brit, darf ich für den Rest der Nacht in deinem Bettchen bleiben; ich bin auch ganz friedlich?" Was sollte Brit schon dagegen haben!

Aber nun geht es erst richtig los! ROBERTO, das herrliche Pferd, hatte schon die silbergrauen Flügel angeschnallt. Und ehe sich's Brit versah, landete sie bereits auf jener fremden Insel. Die meisten Tier-Vertreter waren schon angekommen. Einige kannte Brit noch nicht: Das Schwein ERNESTINA und die Kuh ELSA – beide mager und müde, und der Karpfen BLAUBART – er schien dem Tode nahe. Jedes Tier hatte zunächst mit seinem Futter zu tun. Und jetzt erst fiel der kleinen Brit auf, dass da der Löwe neben dem Ziegenbock und der Wolf neben dem Schaf lagerten und dass alle Tiere Pflanzenkost zu sich nahmen – das war ausdrücklich so angeordnet. So herrschte zwischen den wildesten Tieren tiefster Frieden. AGAMEMNON, der Papagei, flog jetzt häufiger hin und her. Er trieb die Tiere zum Versammlungsort, einem Platz im Schatten von mächtig hohen Palmenbäumen mit ihren lustigen Wedeldächern.
Dann war es soweit. Jedes Tier, das etwas sagen wollte, musste auf dem Elefantenrüssel Platz nehmen und von dort oben sprechen. HERBERT, das Schaf, und PLATSCH, das Krokodil, fielen erst zwei, drei Mal herunter. Das gab einen Riesenspaß, MACBETH, der Ziegenbock, kam aus dem Meckern gar nicht mehr heraus. Und weil sie vor lauter Lachen nicht stillsitzen konnte, stach die Biene SUSI den Wolf LUPUS ins Ohr. Bevor das erste Tier zu sprechen anfing, gab AGAMEMNON, mit Tränen unter den Flügeln, bekannt, dass der Karpfen BLAUBART gestorben sei. Er hatte zuviel von dem Wasser getrunken, in das die Menschen Müll aus ihren Fabriken und Küchen hineinkippen. Die Amsel SENTA sang ein trauriges Lied über das Leid der Tiere und aus

der Zeitung „Wir sind das Tier" las der Löwe CÄSAR bittere Sätze vor. Danach sprachen das Schwein ERNESTINE und LUPUS, der Wolf. Beide klagten die Menschen an, dass sie zuviele Zigaretten rauchen und zuviel Auto fahren. PLATSCH, das Krokodil, und TROTT, der Elefant, klagten die Menschen an, dass sie so viele Wälder zerstörten. HERBERT, das Schaf und MACBETH, der Ziegenbock, klagten die Menschen an, dass sie soviel Glas auf die Wiesen schmeißen. SENTA, die Amsel, und ELSA, die Kuh, klagten die Menschen an, dass sie viel zuviel Plastezeug herstellen und als Verpackungsmittel benutzen. FIPS, der Mäuserich, und ROBERTO, das Pferd, klagten die Menschen an, dass sie die Tiere nur dann für wertvoll hielten, wenn man aus ihnen gute Schnitzel und Lendchen und Rouladen und Steaks und Handtaschen und Lederschuhe undsoweiterundsoweiter machen kann.

SCHUZUSCHI, die Schlange, sollte das Schlusswort sagen. Sie forderte CÄSAR, den Löwen, auf, vorzulesen, was er aufgeschrieben habe. CÄSAR hatte nämlich seinen großen, scharfen rechten Eckzahn immer mal in eine tintenähnliche Flüssigkeit getaucht und den Zahn wie einen Füllhalter benutzt. Auf diese Weise hat er seine Notizen auf besonders umweltfreundliches Papier kritzeln können. Das also las er nun vor. Und da war zugleich die dringende Bitte der Tiere an die Menschen enthalten: Bewahrt Erde und Wasser und Luft vor Gift, Schmutz und Müll, damit alles, was lebt, Wohnung haben kann.

Als CÄSAR die Botschaft mit der dringenden Bitte vorgelesen hatte, senkte TROTT den Rüssel. Das war das Zeichen dafür, dass die Große Versammlung der Tiere beendet sei. Alle klatschten, so gut sie es vermochten, mit Pfoten und Flügeln, mit Schnäbeln und Ohren. Alles blökte, brüllte, grölte, zischte, knurrte, krähte und meckerte durcheinander. Am nächsten Tag zogen sie wieder zurück in die Länder, aus denen sie kamen.

Brit aber wurde feierlich verabschiedet. TROTT, der Elefant, hob sie behutsam auf das Pferd ROBERTO. Das hatte die silbergrauen Flügel bereits wieder angeschnallt – und in Windeseile flogen sie nach Hause.

Es war auch Zeit! Denn Brit musste in wenigen Minuten geweckt werden. Ein neuer Tag hatte begonnen. Und der Kindergarten mit den

schönen Spielsachen wartete schon auf sie. Doch bevor sie sich auf
den Weg machte, musste sie der Mutti ihren neuen Traum erzählen,
damit die ihn aufschreiben konnte. Denn die Tiere hatten ausdrücklich
darum gebeten, dass Brit diese Geschichte noch vielen anderen Kindern weitergibt.

Shlomi schafft es bis unters Dach der Kathedrale von Chartres

Schon lange wollte Shlomi mal dorthin. Vieles hat sie darüber gelesen
oder davon gehört. Chartres. Die ehrwürdige Kathedrale. Dieses immer
noch geheimnisvolle gotische Meisterwerk.

Was war das für eine Epoche. Nur in Jahrzehnten zu messen, woran
sonst Jahrhunderte gebaut haben. Vorher hatte es so etwas noch nie gegeben. Weltweit. Danach hat es so etwas nie wieder gegeben. Weltweit.
Mit welchem Mut und mit welcher Hoffnung sind damals nur wenige
Generationen zu Werke gegangen? Was war das für ein Geist, der Menschen aus allen Ständen und Berufen zu diesem Bau bewegt, möglicherweise sogar getrieben hat? Manche Rohstoffquellen lagen weit entfernt.
120 Kilometer südostwärts. Ganz zu schweigen von der Technologie, von
Organisation und Präzision. Ganz zu schweigen auch von der kreativen
Architektur.

Nun hat es geklappt. Mit Freunden unterwegs ins hohe Mittelalter.
Eine Basilika erbaut auf einem Hügel. Da stand vorher bereits ein Heilig-
tum. Eine Quelle oder einen Brunnen hat es hier gegeben. 37 Meter tief.
In der Frühzeit der Kathedrale, als es zunächst nur die Krypta gab, war
noch zusammen, was zusammen gehört: Heil und Heilung. Gesundsein
und Gesundwerden betraf Leib und Seele. Beides war hier zu haben.
Heute noch können Besucher durch die unterirdischen Gänge pilgern
und etwas davon ahnen, vielleicht sogar spüren.

Shlomi will wie immer alles! Nicht nur, was da unten zu bewundern
und zu erleben ist. Auch was da ganz oben zu sehen ist. So „erklimmt"
sie die scheinbar unzähligen Stufen zu den Räumen unter dem Dach.

Der sachkundige Führer, der mit der Kathedrale vertraut ist wie kein anderer und der darüber Bücher geschrieben hat, macht Shlomi auf die vielen Details aufmerksam. Und er verbindet Architektur mit Spirituali-tät. Dieser Aufstieg hat etwas mit Auferstehung zu tun. So ist es geradezu logisch, dass die Gruppe dort oben ein Osterlied anstimmt. Den Text liefert der aus Saarbrücken stammende Historiker gleich mit. Die Melo-die ist seit Jahrhunderten ein Hit.

FUND 27: OSTERN IST ÖFTER

Gelobt sei Gott zu aller Zeit
weil Jesus Christ im Leben ist
bringt neuen Mut ins schwache Herz
Halleluja

Gelobt sei Gott an jedem Ort
weil Jesus Christ den Tod besiegt
bringt neues Licht ins finstre Herz
Halleluja

Gelobt sei Gott in großer Not
weil Jesus Christ die Höll gesprengt
bringt neues Heil ins böse Herz
Halleluja

Gelobt sei Gott mit lautem Ton
weil Jesus Christ das Grab aufschließt
bringt neue Kraft ins müde Herz
Halleluja

Gelobt sei Gott aus Lust und Dank
weil Jesus Christ voll Liebe ist
bringt neuen Sinn ins leere Herz
Halleluja

Shlomi hat so was noch nie gesehen:
Das Enzianfeld in der Gipfelregion des Le Mass
(Nähe italienische Grenze Richtung Turin)

Südlich von Chamonix, in einer ehemals olympischen Region war es. Im Bergmassiv des La Mass. Da leuchtet es plötzlich merkwürdig auf: ein riesiges Enzian-Feld! Bisher kannte Shlomi Enzian nur als Einzelblume. Eine Fotopause ist angesagt. Das kriegt man nicht so schnell wieder vor die Linse. Rundherum ein körperlich spürbarer Frieden. So ähnlich muss „Schalom" gemeint sein. Eine Wandergruppe, lauter junge Leute, kommt entgegen. Es wird ein wenig geplaudert. Woher und wohin. Da bekommt Shlomi von einem dieser völlig fremden Menschen einen Zettel gereicht. Sie hätten viel mit solchen Texten zu tun. Sie wären zu Hause in einem ökumenischen Freundeskreis verankert. Und vielleicht könne Shlomi ja damit was anfangen!

FUND 28: SCHALOM

ist nicht Ziel, sondern Start
ist nicht Ende, sondern Anfang
ist nicht das Letzte, sondern das Erste

überwindet nicht vorhandenes Leid
sondern bereitet künftiges Leid vor
verdrängt nicht Ängste, die schon da sind
sondern verarbeitet Ängste, die noch kommen werden
bildet keine zufällige Ausnahme
sondern notwendigen Programmpunkt

bedeutet nicht Ergebnis von Leistung
sondern schöpferische Pause
bedeutet nicht mitnehmen können, was nur geht
sondern mitgenommen werden von dem, der kommt

bedeutet nicht ekstatisches Außer-Rand-und-Band-Sein
Außer-sich-Sein sozusagen
sondern wieder In-Ordnung-Kommen, ganz werden

besteht nicht im Abheben, sondern im Aufheben
besteht nicht im Wissen, sondern im Schauen
besteht nicht in Abwechslung, sondern in Verwandlung

weckt nicht die Unruhe, sondern die Sehnsucht
weckt nicht die Träume, sondern die Pläne
weckt nicht die Worte, sondern das Wort.

Shlomi geht baden – im Lac Blanc
(gegenüber vom Mont Blanc)

Das musste sein. Obwohl: eigentlich Wahnsinn! In über 2000 Meter Höhe, in unmittelbarer Nähe zum Val Torence. Ein kleiner See. „Lac Blanc" steht in der Karte. Es schneit, was der Himmel hergibt. Welcher kleine Teufel das gewesen war – Shlomi weiß es nicht mehr. Jedenfalls holt sie ein Handtuch aus dem Rucksack, zieht sich splitternackt aus und steigt ins Wasser. Nur wenige Grade „warm"! Zum Zittern kalt. Das aber nur am Anfang. Dann wird es wohlig warm. Shlomi schwimmt in kurzen Zügen die paar Meter zum Ufer zurück. Glasklar alles: die Luft und die Gedanken, das ganze alpine Umfeld. Da drüben die weiße Hochfläche des Mont Blanc. Shlomi wünscht sich, dass ihr Bewusstsein so klar werde und bliebe wie alles hier ringsum.

FUND 29: IN SACHEN BEWUSSTSEIN

Was fehlt

Großer Gott – erbarme dich unseres Bewusstseins

Wenn es in der Luft hängt
Wenn es vertrocknet
Wenn es ausläuft
Wenn es provoziert wird
Wenn es strapaziert wird
Wenn es schwankt
Wenn es fällt
Wenn es versagt
Wenn es vergisst

Wenn es den heißen Draht verfehlt – zu dir
Wenn es den klaren Blick verliert – zur Zukunft

Sei du dann die Orientierung
Die unser Bewusstsein kontrolliert
Die unserem Bewusstsein Akzente setzt
Die unserem Bewusstsein Impulse gibt
Die unser Bewusstsein erneuert

Was ist

Tag ist
Licht ist.
Unendlichkeit ist.
Ewigkeit ist.
Liebe ist.
Wahrheit ist.
Leichtigkeit ist.
Klarheit ist.
Sprache ist.
Weite ist.
Tiefe ist.
Klang ist.
Ich bin.
Du bist.
Wir sind.

Deutschland

Shlomi zieht es immer wieder zum Christle-See
(östlich von Oberstdorf)

Oberstdorf ist nicht nur während der Vier-Schanzen-Tournee eine Adresse. Auch der Sommer bietet unerwartet viel Schönes, Interessantes, Geheimnisvolles. Shlomi liebt beispielsweise den Christle-See östlich von Oberstdorf. Er würde nie zufrieren, heißt es. Shlomi wandert oft und gern an seinem Ufer auf und ab. Hier herrscht eine solch tiefe Ruhe, dass das Denken nicht „verkopft". Hier denken beide: Hirn und Herz. Wenn das Herz denkt, ist immer Liebe im Spiel.

Über Liebe hat Shlomi schon viel sinniert. Das „Hohe Lied der Liebe", das Salomo verfasst haben soll, und das „Hohe Lied der Liebe", das im ersten Brief des großen Apostels an die Gemeinde in Korinth zu lesen ist, hat sie immer schon bewegt. In beiden Dokumenten sind die beiden wichtigsten Dimensionen von Liebe „verdichtet". Transformationen dieser beiden Texte liest sie immer wieder. Am Christel-See jedes Mal. Sie wird damit nie so richtig „fertig". Das scheint mit der Sache selbst zu tun zu haben – denkt sie auch jetzt.

FUND 30/1: TRANSFORMATION „HOHES LIED DER LIEBE"
(Altes Testament)

> er erreiche mit den lippen
> meine haut
> überall
>
> er trinke mich
> wie wein
>
> dann wird mein schoß zum brunnen
> und von meinen brüsten spritzt das fruchtige nass

wonach du bedarfst
reizt mich
und weckt meine sehnsucht
nach dir
mit haut und haar

zieh mich zu dir
und dann fort
irgendwohin
wo wir ausgelassen
uns bewegen
und sagen unsere namen

wie schön bist du
für mich
für mich ganz allein
das wäre schön

deine augen
sind wie die spiegelnde oberfläche
eines bergsees

dein haar
ist wie gras, das zum lagern lockt
neben dir

dein gesicht
ist wie das offene tor
in lauter geheimnisse

deine lippen
sind wie schalen, wie schäfte
die alles, was sie lieben
warm und weich umschließen
und dabei zeigen
wie sehr sie mehr wollen

deine brüste
sind wie dünen
die das verströmen verhindern
und doch unvergleichlich
spüren lassen
was dahinter ist
tief drinnen
dort, wo der puls
seinen ursprung hat

du hast zu dir geholt
unwiederbringlich
was ich erst kennenlernte
als du es gefunden hattest
in mir

deine liebe
verträgt keinen vergleich
wozu auch
ich wollte, wir wären
jeweils
der schlüssel des anderen

manchmal
schleicht sich die angst ein
dorthin
wo ich dachte zu sein
nur mit dir
es ist die angst
dass du gehst
und andere finden dich
schön

bewege dich
und was dich hindert
leg ab
dass ich berühren kann
was fest ist und rund
dass ich erfüllen kann
was tief ist und warm
bewege dich
und lock meinen leib
in deine nähe
zieh mich über dich
wie eine hülle

oh
wenn du mein bruder wärst
und ich dabei gewesen wäre
von anfang an
wenn dein Zuhause gewesen wäre
wie meines
und unsere gewohnheiten
keine geheimnisse zu sein brauchten

ich wünschte

dass ich jederzeit könnte deine hände
dahinbringen
wo das unstillbare verlangen ist
wie glut

dass du die brüste entgegenstreckst
wie antennen
die nach dem suchen
was sie zum zittern bringt

dass du mir den schoss öffnest
wie ein buch
das ich beschreibe

dass unsere gemeinsamkeit
alltägliches erschüttert
und höhepunkten entgegenbebt
in der tiefe

dass wenn ich zu dir komme
unser beider haut sich aneinander reibt
wie die beiden seiten eines testaments
denn liebe ist endgültig
wie der tod

FUND 30/2: TRANSFORMATION „HOHES LIED DER LIEBE"
(Neues Testament)

Wenn ich über alle Argumente verfügen würde
und wenn ich genau definieren kann, worauf es ankommt …

Wenn ich alle Prognosen kennen würde
und wenn mein guter Wille alle Hindernisse beseitigt …

Wenn ich alles Kapital den Wohlfahrtsverbänden überweisen würde
und wenn ich dabei selbst ins soziale Aus gerate …
… und hätte keine Liebe …
… dann bin ich ein Nichts.

Diese Liebe hat einen langen Atem.
Sie drängelt nicht.
Sie vereinnahmt niemanden.

Diese Liebe führt nicht Tagebuch über ihre Verdienste.
Sie vermeidet Verletzungen.
Sie lässt sich auch nicht kleinkriegen.

Diese Liebe verschafft sich nicht gegen andere Luft.
Sie setzt ihre Ansprüche nicht gewaltsam durch.
Sie will nicht besitzen.

Diese Liebe stellt keine Rechnungen auf über Mängel und Fehler anderer. Sie findet keine Freude daran, wenn andere Unrecht haben oder tun.
Umso mehr aber freut sie sich, wenn es wahrhaftig zugeht.

Diese Liebe ist trotz allem tragfähig.
Sie bleibt klar und fest.
Sie rechnet mit ihrer Zukunft,

Alles wird vergehen – diese Liebe nicht.

Wenn diese Liebe auf unserer Erde Wohnrecht bekommt, dann wird alles ganz anders und dann erst werden wir entdecken: das bin ich und das bist du und so ist Gott. Was bleibt bis dahin und darüber hinaus? Nun aber bleiben Glaube und Hoffnung und diese Liebe. Sie hat die größten Chancen. Nur mit ihr gehört uns die Zukunft.

Shlomi macht Picknick am Leuchtturm
(Nordspitze Hiddensee)

Hiddensee ist schon ein kleines Paradies. Der Leuchtturm auf der Nordspitze ist so eine Art Sahnehäubchen auf dem Ganzen. Der Norden und seine Leuchttürme. Seit Urzeiten überlebenswichtige Wegweiser durch die Rätsel der Zeit und in den Gefahren der Gegenwart. Am Fuß des Leuchtturms sind Geschichten deponiert. Gesammelt von einer einheimischen Familie über mehrere Generationen. Alle thematisieren das Problemfeld Orientierung. Mal sind es anrührende Märchen, mal handfeste Rettungs-Storys, mal philosophische Ausflüge menschlichen Geistes, mal kindliche Fantasien über das faszinierende und doch reale Unbekannte. Leuchttürme – fremd und doch vertraut. Shlomi darf sich eine dieser Geschichten auswählen.

FUND 31: DER LEUCHTTURM ERZÄHLT

Wir treffen uns am Alten Leuchtturm, Dörte! Du weißt doch, immer wenn Sturm ist, fängt der Leuchtturm an zu erzählen. Und heute ist Sturm. Die Wellen brechen sich haushoch draußen an den Felsen. Lars, ich komme mit. Ich muss nur noch zuhause Bescheid sagen. Tom kommt sicher nicht. Bei Sturmwarnung war der noch nie mit am Turm. Also bis bald.

Der Sturm wird stärker. Er peitscht das Wasser. Und die Bäume oben am Steilufer können sich offensichtlich nur mit Mühe halten. Schwarze Wolken schieben sich zwischen Himmel und Erde. Diese Finsternis mitten am Tag hat etwas Unheimliches. Aber Lars und Dörte haben keine Angst. Vom Sandweg zwischen den Dünen kennen die beiden jeden Zentimeter. Und bis zum Alten Leuchtturm ist es dann nicht mehr weit. Die Einheimischen, alt und jung, nennen ihn den Alten Hugo. Dem Leuchtturm ist das recht so. Es gibt da Stellen am Ufer, da ist die Brandung so stark, dass man sich nur verständigen kann, wenn man schreit. Und dann gibt es Stellen, ganz nah am Turm, da versteht man sich sogar dann, wenn man flüstert. Es sieht so aus, als ob der Alte Hugo Lars und Dörte bereits erwarten würde. Und die beiden sind schon ganz gespannt auf das, was der Alte Leuchtturm wohl heute erzählen wird. Kaum sind sie am Turm angekommen, lauschen sie:

Vor Hunderten von Jahren – so beginnt der Alte Hugo seine Geschichte – da war das alles geschehen. Da hatten die Schiffe noch keine Motoren. Nur Segel und Ruder und Steuer. Es gab auch noch kein elektrisches Licht. Nur Fackeln und Laternen. Aber es gab – so wie heute auch – gute und böse Menschen. Die guten waren die Fischer. Meist arme Leute. Die bösen waren die Piraten. Manche sehr reich. Piraten waren Menschen auf den Weltmeeren, die das Hab und Gut von anderen Menschen weggenommen haben. Meistens nahmen sie ihnen auch das Leben. (Piraten gibt es auch heute noch. Sie sind zu Hause in teuren Villen oder gläsernen Palästen.)

Die Fischer waren auf hoher See. Tagelang. Nächtelang. Wochenlang. Gestern erst hatten sie es mit aller Kraft und viel Geschick gerade noch geschafft, rechtzeitig vor den herannahenden Schiffen mit den schwarzen Flaggen zu fliehen. Sie wussten, im Kampf mit Piraten geht es immer um Leben oder Tod.

Hein und Jan hatten mit ihren Leuten einen wahrhaft riesigen Fang gemacht. Wie lange nicht. Gute Fische. Große Fische. Und wenn sie die alle auf den Fischmärkten verkaufen könnten! Mit ihren Gedanken waren die Fischer längst bei ihren Familien und bei ihren Freunden.

Dass ihnen Sturm oder Nacht gefährlich werden könnten, hatten sie nie für möglich gehalten. Nun wurde es ernst. Sehr ernst. Alle Mann hatten alle Hände voll zu tun. Wasser schöpfen. Segel raffen. Kurs halten. Aber daran war zunächst gar nicht zu denken. Sie hatten nicht mal Zeit, Angst zu bekommen. Die Schiffe schaukelten wie Nussschalen auf den haushohen Wellen. Und bald wussten sie nicht mehr, wie weit sie noch vom Land entfernt waren und wo sie sich überhaupt befanden.

Hein sah ihn zuerst. „Jan, schau nach Nordost. Das muss der Alte Hugo sein!" Und die ganze Besatzung murmelte ein „Gott-sei-Dank". Manche unter den bärtigen Seeleuten hatten in den letzten Stunden oft gebetet. Sie riefen einfach so laut es ging: „O Gott, hol uns hier raus. Hilf uns, wenn es dich gibt." Einige fingen an zu singen. Auch wenn der Sturm fast jeden Ton weggefegt hat. Keiner der Fischer ließ den Leuchtturm aus den Augen. Es dauerte zwar noch ein paar Stunden. Aber schließlich fanden beide Schiffe die Einfahrt zum sicheren Hafen.

Diesen Tag haben sie von da an zum Feiertag gemacht. Jede Familie hat in ihrer Wohnung so einen kleinen Leuchtturm stehen. Sie sehen den Leuchtturm an, denken an Gott und danken Gott.

Lars, wenn an der Geschichte wirklich was dran ist, dann ist der Leuchtturm wie Gott: Auch er weist den Weg. Gibt die Richtung an. Schenkt Hoffnung. Macht Mut. Rettet. Ist das richtige Licht in der Finsternis. Ist ein Halt im Sturm. Bringt Leben.

Shlomi kommt an die Ruhr-Quelle im Sauerland und fängt an zu spinnen

Shlomi war noch nie dort. Jetzt ist sie in genau dieser Region unterwegs. Und nach wie vor neugierig. Warum das Sauerland heißt? Shlomi macht sich so ihre Gedanken. Eher oberflächlich. Dann fällt ihr Blick wie zufällig auf eine eher unscheinbare Tafel: „Zur Ruhrquelle". Sie folgt dem Schild. Sie findet den Weg. Problemlos. Eine knappe Stunde Fußweg. Zunächst alles andere als verlockend. Eher langweilig. Dann ist es so weit. Dort vorn hat sie das Quellgebiet entdeckt. Vom Ruhrgebiet hat Shlomi schon so manches gehört. Der Ruhrpott ist längst eine sprichwörtliche Region im Westen Deutschlands. Aber die Ruhr selbst? Der Fluss? Und nun die Quelle sogar? Pause. Auszeit. Picknick. Eine Chance zum „Spinnen" an diesem trüben Septembertag. Und Shlomi spinnt. Meditiert. Notiert. Später wird daraus ein kleiner Aufsatz.

FUND 32: LEBENSSINN

In den folgenden einleitenden Überlegungen soll „Lebenssinn" unter fünf Aspekten betrachtet werden.

Leben ohne Sinn wird zum zufälligen Dasein

Gegenwärtiges Zeitempfinden ist eher pragmatisch. Es wird weniger gefragt, was wichtig ist, sondern was möglich ist. Nicht die Sinn-Frage, sondern die Zweck-Frage wird gestellt. Das hat Folgen. Lebensplanung geschieht kaum langfristig. Anfang und Ende des Lebens kommen ohne besondere Anlässe nur selten in den Blick. Zukunft und Vergangenheit haben der Gegenwart, dem Augenblick, Platz zu machen. Dasein wird weithin als Zufall definiert und akzeptiert.
Dies gilt auch im pflegerischen Alltag. Und doch wird dann wieder nach Sinn gefragt.

Offenbar provozieren erst ganz bestimmte Defizit-Erfahrungen die Frage nach dem Sinn:

> Kraft geht verloren. Zeit schwindet. Gesundheit kommt nicht wieder. Liebe bekommt kalte Füße. Vertrauen bleibt auf der Strecke. Glaube bricht ein. Arbeitsplätze sind in Gefahr. Hoffnung stirbt.

In solchen oder ähnlichen Verlusterfahrungen kommt die Ahnung auf, dass es mehr gibt als nur den Augenblick. Was vorher gewesen war und was nachher folgen wird, bekommt neuen Wert. Sinn stellt das Leben – gerade auch das angefochtene oder sogar verletzte Leben – wieder auf eine verlässliche Grundlage, bringt Lebensgefühl ins Gleichgewicht. Nötige Weichen in lebbare Zukunft werden gestellt und wichtige Veränderungen werden in Angriff genommen. Sinn wird zum wichtigen Horizont für den nächsten Schritt.

Signale für die Sinnfrage sind oft ganz einfache Äußerungen:

> Warum gerade ich?
> Was soll das Ganze?
> Das hat alles eh keinen Zweck!
> Das kann's doch nicht gewesen sein.
> Niemand hat Zeit!
> Mir glaubt ja sowieso keiner.

Sinn ohne Ziel wird zur beliebigen Behauptung

Ist die Frage nach dem Lebenssinn erst einmal gestellt, wird sie als entscheidende Hilfe zum Weiterleben und zum Überleben empfunden und geachtet, bekommt die Frage nach Zielen ihren berechtigten Stellenwert. Im Allgemeinen differenzieren sich Nah- und Fernziele heraus. Überlegungen werden angestellt, die sich mit der unmittelbar bevorstehenden Zeit beschäftigen – beispielsweise im Blick auf eine Entlassung aus dem Krankenhaus:

Wie werde ich alles vorfinden, wenn ich nach Hause komme?
Wer wird mich versorgen?
Woran muss ich zuallererst denken?
Was wird mit meinem Garten oder meinem Auto, was mit meinem Konto oder meiner Arbeitsstelle?

Auch mittelfristige Überlegungen gehen in diesem Fall durch den Sinn:
Wie lange werde ich meine Wohnung halten können?
Wann wird die Suche nach einem Heimplatz aktuell?
Was kann ich dorthin mitnehmen?
Wer wird mich dann besuchen?
Werden meine Ersparnisse reichen?
Wie eintönig wird der Alltag mit lauter Gleichbetroffenen?
Worüber werde ich mich dann noch freuen können?

Und schließlich lassen auch die sogenannten letzten Fragen in der angesprochenen Situation nicht locker:
Wer bringt mich unter die Erde?
Wie komme ich dahin, Feuer- oder Erdbestattung?
Was soll bei der Trauerfeier gesagt werden?
Wem vermache ich was?
Und was ist überhaupt mit einem ‚Leben danach'?
Wie ist das mit dem ‚Himmel', mit ‚Gott' und mit der ‚Ewigkeit'?

In vergleichbaren Situationen werden sich vergleichbare Fragen stellen. Sind auf alle solche Fragen Antworten versucht oder gegeben worden, dann ist Entscheidendes dafür getan, dass Gegenwart und Zukunft nicht in Sinnlosigkeit versinken. Es stellt sich heraus, dass vieles diese niederdrückende Schwere verliert. Wenn Menschen ihrer näheren und ihrer ferneren Zukunft Sinn geben, werden sie gelassener die Gegenwart leben und erleben. Der Horizont ist weit geöffnet. Es gibt nichts, worüber man nicht reden darf. Die zehrende Nervosität wird in die Schranken gewiesen. Innere Energien werden freigesetzt. Langer Atem bleibt bis zuletzt.

Wenn Lebensziele – wie langfristig auch immer – formuliert sind, erhält Lebenssinn seine entscheidende Richtung. Aus einer eher zufälligen Sinn-Findung wird so eine bewusste Sinn-Gebung. Das oft so zerstörerische Ausgeliefertsein an ein irgendwie diffuses Schicksal fängt an, seine lähmende Kraft zu verlieren. In Krisenzeiten, erst recht bei einer aussichtslos verminderten Lebensqualität, selbst auf Intensivstationen oder auf dem Sterbelager müssen Menschen nicht als willenlose Objekte behandelt werden, mit denen etwas gemacht wird und die allem ohnmächtig ausgeliefert sind.

Sie können vielmehr Subjekte bleiben, die ein Recht auf Interesse, auf Antwort und Achtung haben. Sie bleiben ein wertvolles Gegenüber.

Sinn-Gebung hat unendlich viel mit menschlicher Würde zu tun. Weithin ist in der Gesellschaft Menschenwürde Mangelware geworden. Sich rücksichtslos durchsetzen können und gegebenenfalls über Leichen gehen, gehört zu den Lebensbedingungen in einer durchkapitalisierten Gesellschaft. Schamlosigkeit, Oberflächlichkeit und Seelenlosigkeit wie grenzenlose Brutalität erhöhen die Einschaltquoten. Die Jobs, die sich am meisten um Wohl und Würde des Menschen bemühen, sind die weniger bezahlten in diesem Land.

Ziel ohne Weg wird zum orientierungslosen Augenblick

Sinn-Gebung geschieht nicht irgendwo, nicht im ,luftleeren Raum'. Sie geschieht unterwegs, in einem bestimmten Kontext. Und Kontext meint das menschliche Eingebundensein in soziale, kulturelle oder religiöse Kontakte. Beispielsweise:

> Ist da eine Familie – Geschwister, Kinder, Enkel, entferntere Verwandte – dann werden die Wege zum Ziel, Gedanken und Gefühle, Erwartungen und Befürchtungen unterwegs anders gefüllt sein, als wenn jemand allein lebt.
> Sind da Freunde oder sind da keine Freunde, dann verhält es sich entsprechend.

Menschen sind abhängig von allem, was sie bisher bestimmt hat, was sie umgibt und was sie in Zukunft begleitet. Abhängigkeiten müssen nicht Lebensqualität mindern. Menschen können andere Menschen wie einen Raum umgeben, sogar zur Herberge werden. Positive Abhängigkeiten verhindern das belastende Hin-und-Her-Gerissen- oder Geworfen-Sein. Sogar das Gefühl von Denk- und Handlungsfreiheit ist trotz des Eingebundenseins in einen bestimmten Kontext möglich. Auf einem schweren Weg zum Ziel Grenzen als Chancen verstehen, macht Sinn.

Sinn wird nonverbal durch Körpersprache vermittelt

Sinn-Findung wie Sinn-Gebung werden nur als Prozess erfahren. Lebenssinn wird an Menschen herangetragen, wird ihnen angeboten. Briefe, Spruchkarten, Bilder, Filme, Bücher, Musik, Begegnungen zuhause oder unterwegs, Erlebnisse wie auch Erinnerungen können zur Sinnfindung führen oder zur Sinngebung verhelfen.

Menschen, die nichts mehr an sich heranlassen, sind nicht mehr empfangsbereit für das, was dem Leben Sinn geben kann. Menschen, die sich gegen alles verschließen, schließen alles aus, was sinnvoll sein kann. Menschen, die mit allem abgeschlossen haben, verzichten auf alles, was Sinn machen kann. Ein Teufelskreis.

Über die Sprache, mit mehr oder weniger vielen und guten Worten, ist Sinn oft nicht vermittelbar. Um so hilfreicher ist der Versuch, Sinn über andere Sinne zu vermitteln. Alle anderen Sinne sind daran beteiligt: Sehen, Lauschen, Tasten, Riechen.

> Das weit geöffnete Auge (verstärkt durch hochgezogene Augenbrauen) steht für Fragen, Warten, Ermutigen. Das blinzelnde Auge signalisiert Übereinstimmen, Verstehen, Zuwenden.
> Die Hörhaltung des Ohres gibt Auskunft über Aufmerksamkeit und Interesse.
> Der starke Händedruck will Sicherheit vermitteln. Die leise Bewegung der Hand auf der Haut will Dasein und Dabeisein,

Mitgefühl und Trost vermitteln. Die streichelnde Hand sendet Güte und Liebe.

Die geweiteten Nasenflügel mit entsprechenden Kopfbewegungen sagen etwas aus über Atmosphäre und Klima, über Durchatmen und Aufatmen, über Wohlgeruch (und damit Wohlbefinden).

Kein helfender Umgang mit Menschen darf solche Erfahrungen unterschätzen. Vielmehr gehört nonverbaler Sinn-Transport zum klassischen Handwerkszeug aller Helfer.

Sinn wird verbal mit herkömmlicher und neuer Sprache vermittelt

Um Sinn auf verbale Weise zu transportieren, steht herkömmliche wie neue Sprache zur Verfügung.

Herkömmliche Sprache speist sich aus dem sozialen, kulturellen und religiösen Kontext. In diesem Zusammenhang sollten sich Pflegekräfte im Blick auf die zu Pflegenden fragen:

> Von welcher Bildung, von welchem alltäglichen Umgang ist ihre Wortwahl geprägt?
>
> Woher stammen ihre Sprüche, Bilder, Vergleiche?
>
> Womit sind ihre Erinnerungen, aber auch Erwartungen und Befürchtungen gefüllt?
>
> Mit welchen religiösen Inhalten können sie sich identifizieren? Was sind Lieblingsgedanken?
>
> Welche Hoffnung belebt den Alltag?
>
> Wie viel ,Gott' oder ,Himmel' oder ,Bibel' oder ,Kirche' kommt in ihrem Leben vor?
>
> Mit wie viel Vorsicht oder Nachdruck wird die religiöse Sprache benutzt?

Herkömmliche Sprache bedient sich bestimmter biblischer oder kirchlicher Worte:

Meine Zeit steht in deinen Händen
Fürchte dich nicht, ich habe dich erlöst
Ich bin bei dir bis ans Ende deiner Tage
Freuet euch, dass eure Namen im Himmel geschrieben sind
Werft euer Vertrauen nicht weg
Niemand wird sie aus meiner Hand reißen
Lass dich segnen

Neue Sprache speist sich aus den gegenwärtigen Eindrücken, Empfindungen und Entdeckungen:

die Meldungen, die über den Bildschirm gegangen sind
die Zeitung / Zeitschrift, die ich eben gelesen habe
das Buch, mit dem ich mich beschäftige
der Film, den ich unlängst gesehen habe
die Behörde, mit der ich zu tun hatte / habe
die Patientin / der Patient, wo ich gerade gewesen bin
der Schmerz oder die Freude, die mich zur Zeit bestimmen
der Urlaub, den ich vor mir oder hinter mir habe
die Menschen / die Gruppen, mit denen ich häufig zusammen bin

Neue Sprache vermeidet traditionelles Wortgut. Sie verwendet Umschreibungen oder Übersetzungen:

dass wir uns auf eine lange Reise vorbereiten
dass unser Engel uns nicht verlassen wird
dass wir allezeit und überall in guten Händen sind
dass der Tod zum Tor wird
dass der Himmel aufgeht
dass niemand Angst haben muss, wenn er ans andere Ufer kommt
dass wir getrost alles zurücklassen können
dass wir dort erwartet werden
dass wir halt nur Gäste sind auf dieser Erde

Sprache gibt dem Sinn gezielte Öffentlichkeit: was jemand für sinnvoll hält, sollen auch andere erfahren. Sprache macht Sinn gemeinschaftsfähig: Wenn viele oder wenige Menschen etwas gemeinsam als sinnvoll benennen, für das Sinnvolle also eine gemeinsame Sprache benutzen, sind sie miteinander verbunden. Sprache schützt Sinn: Wenn Sinn beim Namen genannt ist, kann er nicht so schnell zerredet werden.

Sprache pflegt Sinn: Wer über Lebenssinn redet, verhindert den Verlust von Lebenssinn. Sprache trägt Sinn: Sie trägt ihn in die Zukunft weiter, setzt ihn fort. Und Sprache verbindet die verschiedensten Inhalte miteinander.

Österreich

Shlomi ist in den Bergen wie zu Hause und hat genaue Vorstellungen: Dachstein, Enzianhütte, Krimmel, Nassfeldalm, Niedersachsenhaus, Hochkönig

Shlomi liebt die Berge. Die Gipfel. Die Plateaus. Die Felsregionen. Die Aufstiege. Und vor allem: die Horizonte, das Panorama. Wie oft war sie schon im Dachsteingebiet mit seinem Nordhang oberhalb von Filzmoos. Internationaler Wintersportort. Loipen, Pisten, Schanzen. Weit unterhalb bei Schladming die erste beleuchtete Abfahrtsstrecke Europas.

Berge machen auch Gedanken „flügge". Den Adlern gleich fliegen sie aus. Die hohen Berge vertiefen den Glauben. Und diverse Melodien der Wasserfälle erinnern an die uralte Weisheit des alten Griechen: „Panta rei", „Alles fließt", erinnern auch an die weltweite Weisheit der Musik „Alles ist Klang".

Shlomi liebt die Krimmeler Wasserfälle. Vor dem Gerlospass.

Shlomi liebt den Hochkönig bei Dienten, unweit von Bischofshofen. Über die Gipfel schaut der Dreitausender bis zum Parkplatz am Embacher Sporthotel rüber. Am Hochkönig war Shlomi einmal heftig erschrocken. Keine zwei Meter vor ihr schleift eine Schlange ein Kaninchen über den Weg in den Busch. Proviant für mehrere Tage. Wenn Shlomi aber nun das Kaninchen gewesen wäre!

Shlomi liebt die Enzianhütte im Salzburger Land und die Nassfeldalm hinter Sportgastein. Was alle Wanderer auf bronzenen Tafeln lesen können, macht auch Shlomi nachdenklich: „Gott ist das, was dir fehlt, wenn du alles hast. Und Gott ist das, was du hast, wenn dir alles fehlt". Darauf muss man erst mal kommen! Shlomi wandert oft und gern in den wunderschönen Talschluss hinein. Den Westhang hoch kommt man in 2400 Meter Höhe zum Niedersachsenhaus. Shlomi ging vor Jahren die Tour von der anderen Seite des Berges. Damals über nicht gesicherte Wege. Nicht ungefährlich. Sogar über zwei kleine Gletscher. Am Ziel dann unendlich zufrieden. Die Erinnerung daran – als sei es gestern gewesen. Im Niedersachsenhaus war es dann auch, wo sie Texte zu lesen bekam, die auf äußerst unterschiedliche Weise von Wesentlichem im Leben sprechen.

FUND 33: WIE EIN BILDERBUCH

Ich glaube an Gott, den Vater Jesu Christi

Er ist die Quelle meiner Kraft.
Er ist das Geländer auf dem Weg.
Er ist die Brücke über dem Abgrund.

Ich glaube an Jesus, meinen Bruder und Freund

Er macht Mut zum nächsten Schritt.
Er nimmt Schuld und macht Anfänge möglich.
Er weckt Hoffnung, wenn es nicht mehr weiter geht.

Ich glaube an den Geist, der von beiden ausgeht

Er lässt Freude wachsen wie starke Flügel.
Er lässt Vertrauen entstehen wie bunte Wiesenblumen.
Er lässt Liebe reifen wie eine heilsame Frucht.

Ich glaube, weil Glauben Sinn macht.

FUND 34: GELOBT SEI DAS VERRÜCKTE!

Das finsterste Mittelalter ist in doppelter Hinsicht immer noch bitterste Realität.

Zum einen: Zionistischer und islamischer, aber auch christlicher Fundamentalismus sind noch lange nicht Vergangenheit. Immer sind es die anderen. Sie sind die Bösen. Die Brandstifter, Brunnenvergifter, Halsabschneider, Spielverderber. Scheiterhaufen sind nicht mehr gesellschaftsfähig. Heute erledigt man die Angelegenheit weniger spektakulär. Aber nicht weniger brutal.

Zum anderen: Das beherrschende Lebensgefühl, die allgegenwärtige Mentalität, die gängige Weltanschauung war damals geprägt von der Parole: „Mitten im Leben der Tod". Und heute? Machen Sie mal die Probe aufs Exempel. Und prüfen Sie mal, wie diese Formel noch immer unser Denken und unser Reden bestimmt. Wie normal ist es, vom Todesstreifen zu reden, von der Todesbahn, von der Todespiste, von Todesschüssen. Wie normal sind immer noch Todesstrafen, Todeszellen, Todesspritzen. Nicht nur in Texas. Und sind Sie nicht auch schon mal dem Tod von der Schippe gesprungen? Haben Sie nicht auch schon mal dem Tod ins Gesicht geschaut? Haben Sie nicht auch schon mal dem Tod ein Schnippchen geschlagen? Und was Greenpeace oder der Club of Rome oder der gerade zu Ende gegangene Klimagipfel an Horrorszenarien ins Bewusstsein rücken – das finstere Mittelalter ist immer noch Realität: Mitten im Leben der Tod. Haben Sie sich schon damit abgefunden?

Ich möchte mich damit nicht abfinden. Ich möchte eine andere Stimmung verbreiten. Ich möchte andere Töne anschlagen. Ich möchte etwas anderes feststellen: Mitten im Tod das Leben! Solches Umdenken ist das Beste, was mir Jesus von Nazareth beigebracht hat. Und das Kreuz ist sozusagen das Logo dafür. Dieses *neue* Denken ist für mich zu einem wichtigen Instrument geworden, mit Vergangenheit, Gegenwart und Zukunft besser fertig zu werden. Deshalb eine Anregung für Sie.

In dieser Zeit gehen viele von Ihnen auf den Friedhof. Dort begegnen Ihnen viele Kreuze. Versuchen Sie doch mal, in den Kreuzen nicht Todessymbole zu sehen, sondern Lebenszeichen.

Das ist verrückt – werden Sie sagen. Aber vielleicht ist es Ihnen ja auch schon so ergangen wie mir: Manchmal war es gerade das Verrückte, was mich wirklich weitergebracht hat. Ein wenig von diesem *neuen* Denken wünsche ich Ihnen von ganzem Herzen.

Zu unserem Innersten sagen wir oft „Seele". Anders oder besser lässt sich dieses Innerste auch kaum definieren. Aber was ist da drin – im Innersten? Keiner kennt dafür die richtige Antwort. Vergleiche hinken oft, aber manchmal helfen sie. Im letzten Jahrhundert hatte man eine Antwort auf die Frage gesucht, wie es im Innersten der Atome aussieht – was ist da drin? Die Antwort ist erstaunlich: Nichts irgendwie Greifbares – nichts als Schwingungen! Sollte für unser Innerstes das auch gelten:
Da drin – Schwingungen? Unsere Seele hätte mit Schwingungen zu tun.

Etwas soll schwingen von der Liebe,
die im Himmel ihren Motor hat
Es ist die Liebe, die Verzicht nicht scheut, die um Vergebung keinen Bogen macht und die sich nicht so schnell abwickeln lässt.

Etwas soll schwingen von dem Mut,
der im Himmel seinen Kompass hat
Es ist der Mut, der die Schwachen schützt und der keine Angst hat, Unrecht beim Namen zu nennen.

Etwas soll schwingen von der Freude,
die im Himmel ihre Flügel hat
Es ist die stolze Freude auf den Glauben an einen Gott, der uns umgibt wie die Luft zum Atmen.

Etwas soll schwingen von der Freiheit,
die im Himmel ihre Wurzel hat
Es ist die Freiheit, nur das zu haben, was man wirklich braucht, und nicht sein zu müssen wie die anderen.

Etwas soll schwingen von dem Frieden,
der im Himmel seinen Partner hat
Es ist der Friede, der nach innen mit Stress und Neid und nach außen mit Gleichgültigkeit und Hass besser fertig wird.

Etwas soll schwingen von der Kraft,
die im Himmel ihre Quelle hat
Es ist die Kraft, hinzusehen, wo andere wegschauen, die Kraft, die widerspricht und widersteht, wo die Menschlichkeit auf der Strecke bleibt.

**Etwas soll schwingen von der Hoffnung,
die im Himmel ihre Heimat hat**

Es ist die Hoffnung, dass Gottes guter Wille sich endlich und endgültig durchsetzen wird gegen die Niedertracht der Hölle.

Der „Kleine Prinz" würde sagen: Menschen sind verantwortlich für die Schwingungen in ihrer Seele.

FUND 36: VORAUSGESETZT

vorausgesetzt – es gäbe was zu lachen
dann müssten da
erdbebengleich
herz-liche eruptionen sein

vorausgesetzt – es gäbe was zu glauben
dann müssten da
glühwürmchenverwandt
beweg-liche visionen sein

vorausgesetzt – es gäbe was zu fragen
dann müssten da
bohrinselähnlich
gründ-liche intentionen sein

vorausgesetzt – es gäbe was zu kämpfen
dann müssten da
quellenvergleichbar
unermüd-liche energien sein

vorausgesetzt – es gäbe was zu lieben
dann müssten da
sternenbahnenanalog
gewiss-liche adaptionen sein

FUND 37: DER FRIEDEN VOR DEM TOD

Solang viele Menschen noch Rückgrat besitzen
Solang Argumente noch Waffen sind
Solang unsere Kinder noch spielen können
Solang hat der Frieden noch eine Chance
Wenn Kugeln pfeifen
Ist es meist schon zu spät

Solang arme Menschen noch Sehnsucht haben
Solang die Geschichte noch Bände spricht
Solang die Gewissen noch nicht verstummen
Solang hat der Frieden noch eine Chance
Wenn Mütter weinen
Ist es meist schon zu spät

Solang große Worte noch Werte enthalten
Solang man im Feind noch den Menschen sieht
Solang die Armeen den Tod noch nicht normen
Solang hat der Frieden noch eine Chance
Wenn Bomben fallen
Ist es meist schon zu spät

Solang die Menschen noch schlafen können
Solang Hass noch an Boden verliert
Solang Krieg noch nicht zum Sport wird
Solang hat der Frieden noch eine Chance
Wenn Kinder bluten
Ist es meist schon zu spät

Solang sich Freunde auf morgen noch freuen
Solang Pflanzen und Bauen noch Sinn hat
Solang noch Angst nicht Medaillen gewinnt
Solang hat der Frieden noch eine Chance
Wenn Städte brennen
Ist es meist schon zu spät

Solang Gammeln noch nicht unter Strafe steht
Solang Denken noch nicht auf Befehl geschieht
Solang Zärtlichkeit noch nicht als Schwäche gilt
Solang hat der Frieden noch eine Chance
Wenn Panzer rollen
Ist es meist schon zu spät

Solang der Terror in Grenzen bleibt
Solang noch Lieder geboren werden
Solang noch Gott seine Schöpfung liebt
Solang hat der Frieden noch eine Chance
Wenn Hoffnung erstickt
Ist es aus

FUND 38: ZUKUNFT – MEHR ALS EIN GEBET

Lass uns gegen den Stress kämpfen
als ginge es um das nackte Leben

Lass uns den anderen verstehen lernen
als hinge davon die Ewigkeit ab

Lass uns anfangen zu teilen
als hätte damit die Zukunft schon begonnen

Lass uns Konflikte bewältigen
als müssten wir einen Waldbrand verhindern

Lass unsere Fantasie aufblühen
als spare man dadurch Millionen

Lass uns Gemeinde bauen
als ginge es um die Verdoppelung der Jahresendprämie

Lass uns Missverständnisse begraben
als versenkten wir radioaktiven Müll

Lass uns feiern
als gäbe es ohne Fest keine Auferstehung zum Leben

Lass uns die Bibel übersetzen
als ginge es um die Christianisierung der Hölle

Mensch – Gott – hab Dank für diese Ideen
Gott – Mensch – hilf uns, sie zu verwirklichen

Türkei

Am Ort der entscheidenden Schlacht Alexanders des Großen
(Issos/Südosttürkei)

Enttäuscht ist Shlomi vom berühmten Ausgrabungsfeld bei Issos. Entweder fehlt den Türken das Geld für entsprechende Forschungen oder es ist wirklich nicht mehr viel erhalten. Jene Schlacht des Großen Alexanders jedenfalls, die Geschichte geschrieben hat, verdient mehr Aufmerksamkeit. Wie wären die Geschicke der Welt gelaufen, hätte der große Grieche den Kampf nicht für sich entscheiden können! Es musste ein fürchterliches Gemetzel gewesen sein. Shlomi setzt bedächtig ihre Füße über das Steinchaos. Immer mit dem Blick nach unten, als ob sie etwas finden würde, was sie als Andenken mitnehmen könnte. Shlomi macht sich so ihre Gedanken, wie ungerecht doch Geschichtsschreibung ist. Große Namen werden durch die Zeiten transportiert. Wie viele namenlose Schicksale aber waren in diese Kriege verwickelt. Wie viele namenlose Väter, Söhne und Brüder, Mütter Töchter und Schwestern haben ihr Leben verloren, ihren Besitz und ihre Heimat – und jegliche Hoffnung. Shlomi erinnert sich an ein Lied aus Kindheitstagen. Auch da tobte der Krieg. Ein schrecklicher Krieg. Sie hat sich die Nachdichtung aus den 1980ern gut gemerkt.

Auf ganz andere historische Zusammenhänge trifft sie angesichts des Araratmassivs. Nicht nur wegen der Arche. Ob es überhaupt möglich ist, deren Reste ausfindig zu machen? Nomaden sind hier unterwegs. Wie schon seit Jahrtausenden. Und wenn Shlomi zeltet, denkt sie meistens an jene vermutlich hoch interessante Lebensweise. Manchmal hat sie sich sogar danach gesehnt. Sie weiß aber selbst nicht warum. Sind es Idealisierungen von „Aufeinanderangewiesensein" und „Zusammengehörigkeit"? Menschen, die so leben, müssen doch sozial hervorragend organisiert sein! Shlomi beobachtet diese Nomaden in der Ebene vor ihr aus mehr oder weniger großer Entfernung. Wieder grübelt sie. Verlieren Menschen im Übergang zum Sesshaftwerden und zur Besitzstandwahrung das Gefühl und die Gewohnheit, alles Notwendige zu teilen?

Besteht Fortschritt möglicherweise in der Rückkehr zu ähnlichen Lebensformen und Denkstrukturen? Ist das alles wirklich nur Spinnerei?

Shlomis Reise ist unüblich. Eines ihrer nächsten Ziele ist Haran. Tief in der Osttürkei. Sagen die Schriften nicht, dass der Urvater Abraham hier gesiedelt habe und dass er von hier aus aufgebrochen sei – ins große Ungewisse auf „himmlischen Befehl", wie es heißt. Und das soll hier gewesen sein? Historisch kaum zu überbieten. Shlomi macht jeden Schritt ganz bewusst. Sie wird wohl nie wieder hierher kommen. Sie betrachtet die ringförmigen kegelförmigen zeltförmigen Häuser, die wahrscheinlich denen von damals nachempfunden sind. Es ist heiß und staubig. Shlomi braucht viel Wasser. Und sie wird schnell müde. Was sind das für Lebens- und Arbeitsbedingungen! Wie haben sich in der Vorzeit Menschen darauf eingestellt? Wie richten sie sich in der Jetztzeit darauf ein? Viele Fragen bewegen Shlomi. Gelegentlich sind Fragen ergiebiger als Antworten!

Die Reise durch die Osttürkei ähnelt inzwischen einer Kreuzfahrt. Es ist zugleich eine Fahrt durchs „wilde Kurdistan" – um einen Titel von Karl May aufzugreifen. Es hat tatsächlich etwas „Wildes". Kahle Bergrücken. Sandige steinige Ebenen. Bizarre Taleinschnitte. Skurrile Wasserläufe. Shlomi empfindet solches „Natur pur" als ausgesprochen schön. Alles scheint so ursprünglich. Faszinierend, wie so oft.

Ganz im Osten, an einem unscheinbaren Grenzfluss zu Armenien, eine kurze Rast. Nichts wie Hügel und Gras und Büsche an den Hängen zum Flussufer hinunter. Er ähnelt eher einem großen Bach. Mit ein paar herzhaften Sprüngen ist man drüben. Ob die Welt da drüben so anders ist? Die Reste einer alten kleinen Kirche erinnern an frühere Zeiten. Shlomi begegnet einem russischen Christen. Der Besuch war offensichtlich angekündigt. Der Russe bewohnt – besser: behaust – ein „Wohnloch". Der triste Eindruck wird an jenem Tag durch den Dauerregen noch verstärkt. Wenige Worte werden gewechselt. Ein Glas Tee getrunken. Was Shlomi erfährt, lässt ahnen, wie tief Vorurteile sitzen können. Selbst unter aussichtslosen Rahmenbedingungen, die alle teilen müssen. Gegenseitige Integration wäre da doch das bessere Konzept.

Zurück Richtung Westen! Es geht durch ein immer noch recht aktives Erdbebengebiet. Überall Hinweise auf das letzte schwere Beben vor noch gar nicht so langer Zeit. Der Van-See ist das Ziel. Shlomi freut sich darauf. Der riesige See ist tatsächlich richtig schön. Zumal bei herrlichem Sonnenschein. Die Menschen am See begegnen Shlomi mit großer Freundlichkeit und Hilfsbereitschaft. Es ist sozusagen ihre zweite Natur. Shlomi fährt rüber zur Insel. Auch das ein geschichtsträchtiger Ort. Sie hockt stundenlang am Ufer auf einem flachen Stein. Sie führt so was wie Selbstgespräche. Kommt regelrecht ins Meditieren. Stets, wenn Shlomi in diesen Zustand „verfällt", hat sie das eine Thema: der „Himmel" und „Wie kann ich mich mit dem Himmel verbinden (ich bin doch irgendwie ein Teil davon!)?"

FUND 39: FLIEG, SCHMETTERLING, FLIEG

(Refrain)
Flieg, Schmetterling, flieg
die Menschen üben Krieg

Zwei Kriege
sind noch nicht genug
Die Mächtigen
sind selten klug

Schon Kinder lernen
Tod und Hass
Das Volk sieht zu
Wer sagt schon was

Die Uniform
und viele Orden
Der Mensch soll stolz sein
auch aufs Morden

Befehle hagelt's
nicht zu knapp
gewöhnen schnell
das Denken ab

Sie wollen Ordnung
für die Welt
Sie wissen nicht
was wirklich fehlt

Sag ihnen
was lebendig macht
was schön und bunt ist
zart und sacht

Zeig ihnen
wie man aufersteht
wann Friede wird
wie Freiheit blüht

FUND 40: LEBEN IST VERÄNDERUNG

Telegramm wegen des Teilens und so

ein geteilter himmel ist der ganze sieg über die hölle – stopp
eine geteilte hoffnung darf über leichen gehen – stopp
der geteilte teppich hält mehr, was er verspricht, als ein fliegender
teppich – stopp
in geteilten nächten gehen die meisten lichter auf – stopp
geteiltes brot schmeckt besser – stopp
nur geteilter besitz lässt neid nicht ins herz schießen – stopp
an geteilter liebe gehen ängste kaputt – stopp
geteilter schreck ist halber schreck – stopp
geteilte freude ist harte währung für gemeinschaft – stopp
geteilte gedanken multiplizieren chancen – stopp
geteilte ängste sind wie entschärfte bomben – stopp
geteilte arbeit ist so etwas wie keimstopp gegen stress – stopp
geteilter glaube gehört zum wichtigsten spaltmaterial für
das morgen – stopp

Die ganz einfache Reformation

Vor Gott keine Angst haben
Und
Den Leuten aufs Maul schauen

Seit Wochen berichten die Medien davon. Ein Reporterteam ist unterwegs. Es begleitet die rasante Wanderung eines Außenseiters. Keine Weltumseglung. Kein Alleingang um den Globus. Kein Guinness-Buch-verdächtiges Unternehmen.

Ein Nomade wird auf seiner Wanderung Richtung Süden mit der kritischen Lupe von Journalisten beäugt. Von Haran, weit im syrischen Norden, ist er aufgebrochen. Und schon der Aufbruch war rätselhaft. Eine existenzielle Notwendigkeit lag nicht vor. Das Motiv musste ein anderes gewesen sein. Er brach auch nicht allein auf. Mensch und Tier – alles, was bisher mit ihm zusammengelebt hatte, zog mit. Eine richtige kleine Karawane. Es war schwer, an ihn heranzukommen. Er war ziemlich schweigsam. Aber ebenso zielbewusst. Der wusste, was er wollte. Oder was er sollte? Etwas Merkwürdiges wiederholte sich allabendlich. Er errichtete nach jedem Reiseabschnitt einen Steinhügel. Was er dort sprach, klang eher wie ein Gebet. Die Reporter vermuteten mit Recht, dass diese Steinhügel Altäre sind. Wenn es Gebete waren, wohin waren sie gerichtet? Kein Bildnis, keine Figuren, nichts fürs Auge. Nur aus seiner Körperhaltung konnte man Schlüsse ziehen. Wie wenn einer hinauslauscht oder hineinlauscht, wie wenn einer auf Gelauschtes reagiert. Aber ist Beten nicht immer Antwort?

Die Reporter, die von diesen Dingen nur wenig verstanden, hatten es nicht leicht. Diejenigen, die später diese und ähnliche Geschichten niedergeschrieben haben, sagten, es sei Gott gewesen, mit dem der Nomade im Gespräch gewesen war. Und weil der Nomade Abraham hieß, war es eben „der Gott Abrahams". Wie sollte er auch sonst heißen. Den Namen „Überall" gab man diesem Gott erst viel, viel später.

Schließlich – aber eben erst nach Wochen – bekamen die Reporter doch noch heraus, warum jener Nomade aufgebrochen war. Es wäre ihm von innen heraus deutlich geworden, dass er aufbrechen müsse. Als ob ihm eine innere Stimme (oder doch eine äußere?) gesagt habe: Zieh fort, mit allem, was zu dir gehört, in eine völlig neue Zukunft, die ich dir zeigen werde, die du aber noch nicht kennst. Und wieder werden diejenigen, die das später aufschreiben, sagen: „Gott sprach zu Abraham". Der „Gott Abrahams" war von Anfang an mit im Spiel.

Die Reporter verstanden – wie gesagt – nicht viel. Sie beobachteten bei dem Nomaden ein außergewöhnliches Vertrauen. Die Karawane zog weiter und weiter. Er schien sich absolut sicher, dass sein Gott ihm nichts vormacht. Vielmehr, dass der mit ihm einiges vorhatte. Von einem großen Volk war die Rede. Und von einem wunderschönen Land. Eines Abends vor dem Zelt war Abraham wie umgewandelt. Er erzählte und erzählte. Sonst war das überhaupt nicht seine Art. Da witterten die Reporter eine Chance. Sie setzten sich zu ihm. Stellten ihm Fragen. Sehr direkte Fragen. Schließlich fragten sie ihn, was ihn denn die ganze Zeit so sicher mache. Da schaute er sie mit seinen großen dunklen Augen an „Du musst etwas haben, woran du dein Herz hängst. Der Mensch ist so. Und es gibt keinen Menschen, bei dem das nicht so ist. Woran sollte ich also mein Herz hängen? An meine Familie, meine Herden, meine Häuser dort oben in Haran, an die Gestirne, an Mond oder Sonne oder an irgendetwas, was Menschen für heilig hielten? Das alles reicht mir nicht. Das ist zu vergänglich. Unzuverlässig. Zu vage. Eben zu wenig. Es ist absolut vernünftig, dass ich mein Herz an Gott gehängt habe. Ihr würdet sagen: ich setze auf ihn. Für mich ist er das Eigentliche – das, worauf es ankommt, das, woher ich komme und wohin ich gehe. Sozusagen meine Heimat. Meine Wurzel.

Die Reporter nickten. Sie stellten keine weiteren Fragen. Sie gaben ihren Auftrag zurück. Ein Bericht über diesen alten Nomaden bringt keine Einschaltquoten. Was soll es. Und trotzdem ließ sie die Begegnung mit Abraham nicht mehr los. Und immer wieder kam in ihnen diese uralte Frage hoch: Ja – woran hänge ich eigentlich mein Herz?

FUND 42: VORURTEILE

Am Anfang war das Vorurteil
Am Anfang ist immer das Vorurteil

Selbstentworfen
Selbstentwickelt
In den Werkstätten der Ideologien
Mit Farben und Rahmen auf Dauer
Die Anderen
Außenseiter
Spielverderber
Ruhestörer
Verräter
Versager
Nullen
Die über Leichen gehen
Die zur Tagesordnung übergehen

Vorurteile lähmen die Energie
Vorurteile bremsen die Fantasie
Vorurteile drücken in die Resignation
Vorurteile treiben aus der Verantwortung
Vorurteile bleiben
Vorurteile töten
Die Anderen

So ist die Geschichte
Eine Geschichte von Vorurteilen
Über Gott und die Welt
Und manchmal
Fallen wir aus allen Wolken
Weil alles anders
Ganz anders ist
Zum Glück

FUND 43: ALLTÄGLICHER HIMMEL

Lass meine Augen sein
Instrumente des Himmels
zum Staunen und Träumen, zum Klagen und Lachen
zum Suchen und Finden, zum Locken und Lieben

Lass mein Gesicht sein
Instrument des Himmels
zum Freuen und Fragen, zum Sehen und Strahlen
zum Weinen und Warten, zum Loben und Lieben

Lass meine Hände sein
Instrumente des Himmels
zum Geben und Nehmen, zum Halten und Bauen
zum Trösten und Heilen, zum Feiern und Lieben

Lass mein Haus sein
Instrument des Himmels
zum Wohnen und Wärmen, zum Bleiben und Starten
zum Reden und Lernen, zum Tanzen und Lieben

Lass unsre Tische sein
Instrumente des Himmels
zum Essen und Trinken, zum Planen und Teilen
zum Kommen und Gehen, zum Ruhen und Lieben

Dänemark

Shlomi genießt die Stille am Strand auf dem Nordzipfel der Insel Laesö

Die Insel liegt ziemlich genau in der Mitte zwischen Schweden und Dänemark. Das Seegebiet war einst eine umstrittene Region. Wie viel wunderbares einmaliges Leben wurde hier letztlich ausgelöscht! Wie das halt immer so ist: „Im Krieg töten sich Menschen, die sich nicht kennen, im Auftrag von Menschen, die sich zwar kennen, aber nicht töten." Shlomi hat diesen bitterbösen wahren Satz irgendwo aufgelesen. Sie hat ihn sich gut gemerkt. Er ist zeitlos.

Am Strand spielen die Wellen. Shlomi döst vor sich hin. Seevögel fliegen unbekümmert knapp über sie hinweg. Und sie wecken Shlomi auf. Sie befindet sich in einem Alter, in dem Rückschau angesagt ist. Strände wie dieser laden dazu freundlich ein. Shlomis Fragen werden immer prinzipieller, existenzieller und – spiritueller. Wie ist das alles geworden? Wie ist das All geworden? Und plötzlich ist die eigene Genesis verwoben und vernetzt mit der Genesis von allem, was ist: das kleine wie das große Universum.

FUND 44: WENN EIN MENSCH FRAGT

Wenn ein Mensch fragt
Wo komm ich her
Was bring ich mit
Wo komm ich hin
Wer geht mit mir
Dann lass ihm Zeit
Ziele finden wir nicht
Auf den Schnellstraßen des Lebens
Dann lass ihm Stille
Antworten finden wir nicht
Auf den Kreuzungen des Lebens

Wenn ein Mensch fragt
Wer bin ich
Wer bist du
Wo sucht mich wer
Wer lässt mich kalt
Dann lass ihn ein
Menschen finden wir nicht
Im Halteverbot des Lebens
Dann lass ihn gelten
Beziehungen finden wir nicht
Ohne gegenseitige Achtung des Lebens

Wenn ein Mensch fragt
Wer nimmt mich an
Wen darf ich lieben
Wer macht mir Mut
Wie schaffe ich was
Dann teile aus
Kräfte und Freuden und Liebe und Zeit
Leben finden wir nur
An den Tankstellen der Geschichte

Dann zeig ihm IHN
Glück finden wir nur
Wenn ER uns erreicht

Spanien

Shlomi sieht bunten Luftballons hinterher

Shlomi hat sich schlau gemacht über Land und Leute hier auf den Kanaren. Fuerteventura hat Shlomi mehrmals besucht. Die teilweise herrlichen Strände und das teilweise unwirtliche Landesinnere haben es ihr angetan. Den höchsten(!) Berg der Insel zu erwandern – von einem Erklimmen kann keine Rede sein – gehört zum Besuchsprogramm. Shlomi nennt ihn den „Ziegen-Berg". Weil man dort viele wilde umherstreifende Ziegen antrifft. Manchmal stehen sie so plötzlich da, dass man erschrickt. Aber diese Gegend vulkanischen Ursprungs macht den Besuchenden die Relativität alles Seins spürbar und bewusst. Unten am Ufer des Atlantischen Ozeans kneift sich Shlomi: Heeh! Gerade mal tausend Kilometer und du bist in der Tat an der Westküste Afrikas!
In erdgeschichtlicher Frühzeit konnte man den afrikanischen Kontinent auf dem Landweg erreichen. Heute hat es den Anschein, als ob sich die Inseln vor afrikanischen Bootsflüchtlingen schützen wollen. Grotesk.
Aber was ist an neoliberaler Wirtschaftspolitik nicht grotesk! Shlomi hat einige einheimische Kinder „aufgegabelt". Sie sind mitgekommen.
Shlomi hat vorausschauend Luftballons besorgt, die sie von ganz oben losfliegen lassen möchte. Zum Gaudium der Kinder!

FUND 45: LIED VOM LUFTBALLON

Besser ein Luftballon als ein Luftgewehr
Besser getragen als geladen sein
Besser bewegt als benutzt werden
Besser losgelassen als abgeschossen werden
Besser mit dem Wind spielen als mit dem Leben
Besser ein Luftballon als ein Luftgewehr

Aber
So friedlich sind wir doch gar nicht
Nicht mal im Jahr des Kindes
Wenn alle Kinder dieser Erde ihren Luftballon hätten
Die Erde könnte nicht in sich zusammenfallen und mit dem Leben
ginge es aufwärts
Wenn alle Kinder dieser Erde an allen Luftballons wie an einem Strang
zögen
Keins fiele auf die Nase, aufs Kreuz oder ins Wasser
Keins bliebe am Boden liegen oder im Stacheldraht hängen
Keins ertränke im Häusermeer

Aber
So menschlich sind wir doch nicht
Nicht mal zu Ostern
Luftballons lassen sich füllen
Mit Luft und Geld
Mit Erfolgen und Gesprächen
Mit Urlaub und Fasching
Mit Liedern und Freunden
Mit Spielen und Glauben
Mit Gesundheit und Gemeinschaft
Mit Stimmung und Liebe
Mit Brot und Fantasie
Für die Welt

Aber
Luftballons können platzen
Zerplatzte Wünsche
Zersplitterte Hoffnungen
Zerstrittene Familien
Zerstreute Gruppen
Zerfallene Freundschaften
Zerrissene Ehen
Zerredetes Vertrauen
Zerstörte Liebe
Zerstresste Zeit

Luftballons können platzen
Dann geht die Luft aus
Dann entweicht das Glück
Dann läuft die Zukunft weg
Dann verströmt Leben

Luftballons können platzen
Und kein Luftballonmann der Welt kann sie reparieren
Das aber muss nicht sein

Ungarn

Shlomi mag es radikal und fundamental

Angesichts von Fundamenten eines urchristlichen Taufortes
(Baptisterion, 2. Jh.)

Ausgrabungsgelände – freigelegte Funde aus dem 2. Jahrhundert. Relikte
aus der Römerzeit. Sie waren auch hier in Ungarn. Wo waren sie nicht!
Shlomi macht halt. Das hier unten war also ein urchristlicher Taufort.
Die Anlage ist als solcher deutlich zu erkennen. Christen aus jener Zeit
waren so etwas wie Pioniere des Christentums. Professionell sind die
Erläuterungen zur Geschichte. Es ist europäische Geschichte, Welt-
geschichte, Religionsgeschichte. Shlomi hört interessante Details und so
manches Prinzipielle, Grundsätzliche.

Nicht alle in der Gruppe sind Christen. Sie müssen herangeführt
werden an das Verständnis von „Taufe". Was passiert da? Wie geschieht
alles? Warum ist dieses Ritual bis heute weltweit verbreitet? Dass jemand
durch die Taufe Christ wird, ist noch der einfachere Zusammenhang.
Aber warum Wasser? Und warum – jedenfalls damals – untertauchen?
Und wieso war die Taufe seinerzeit sogar ein Politikum? Die Taufe muss
so etwas wie eine „Wende" im Leben sein.

Wenn Shlomi von Wende hört, denkt sie unwillkürlich an jenen
Herbst und diese glücklicherweise friedliche Revolution. Der Mauerfall
hat in Berlin Jubiläum gefeiert. Aus diesem Anlass erschien in einer viel
gelesenen Kirchenzeitung im Osten Deutschlands dieser Text, an den
sich Shlomi noch lebhaft erinnert.

FUND 46: NACH DER WENDE IST VOR DER WENDE

Angewandter Glaube als Systemkritik – Fragen

Wende – Umkehr – Einsicht gar
In die Notwendigkeit
In welche nun
Nachdem der Masse Traum erfüllt
Eins wird ein Volk
Aus solchem Stoff sind Wunder oft gewebt

Ist alles, was geschah, auch wirklich was DU willst
Ist das die Freiheit, die DU meinst
Sind jetzt die Ketten nur vergoldet
Und redet man die Sklaverei jetzt schön

Bist DU denn mit im Boot
Bist DU denn noch im Blick

Wohin hat's uns getrieben
Wie weit sind wir gekommen
Wir haben Freiheiten gewonnen
Doch Freiheit kaum

Und wie wir losgeworden sind die Grenzen
Sind wir los geworden – GOTT
Wir haben's nicht gemerkt
Wir haben's so gewollt

Hast DU vielleicht uns schon verlassen

Angewandter Glaube als Perspektivwechsel – Träume

Ich träume einen Traum

Ich spüre schon den Hauch
Heranwehend die Ander-Welt
Weise machend den Verstand

Ich ahne schon die Kraft
Erfrischend die müde Seele
Erfreuend das enge Herz

Ich höre schon das Wort
Ansagend das Un-Denkbare
Berührend alle Sinne
„Sein wie die Träumenden"
Jahrtausende alt der Spruch
Wirklichkeit werdend bald
Verändernd schon jetzt

Nebel lösend
Dunkel bindend
Zweifel klärend
Licht sendend

Der DU bist
Wie DU warst
Der DU bleibst
Wie DU wirst

Angewandter Glaube als Realitätskontrolle – Strategien

Tag ist. Nacht muss nicht sein.

Tag ist mehr als ein uraltes Zeitmaß
eine Metapher
für Lebens-Weg und Lebens-Raum
im biografischen Auf und Ab.

Tag ist nur etwas weniger als alles.
Tag steht für gelingende Qualität
auf der Außenseite des Lebens
mit Grenzen und Chancen
mit Strukturen und Konturen
mit Konzepten und Visionen
mit Prioritäten und Horizonten
Tag ist viel mehr als ein Programm.
Tag steht für gewonnene Qualität
auf der Innenseite des Lebens
wie Wachheit des Geistes
wie Leichtigkeit des Seins
wie Licht in der Finsternis
wie Liebe in der Kälte

Tag ist mehr als ein uraltes Zeitmaß
eine Metapher
für Lebens-Sinn und Lebens-Geist
zwischen Herkunft und Zukunft.

Tag ist. Nacht muss nicht sein.

Wales

Shlomi versucht sich im Hafen von Fishguard an einer Geschichte

Auf der Überfahrt von Rosslare nach Fishguard war es. Auf dem 10. Deck der Fähre erlebt Shlomi einen wunderbaren Sonnenaufgang. Sie ist einfach sprachlos. Eine fast kosmische Erfahrung. Anrührend und aufregend zugleich. Dann läuft die Fähre in den Hafen von Fishguard an der walisischen Westküste ein. Ein paar Stunden bleiben noch bis zur Weiterfahrt mit dem Reisebus durch Wales und Südengland bis zur Ostküste Britanniens.

Die Wartezeit nutzt Shlomi diesmal anders. Sie versucht sich selbst an einer Geschichte. Zu Hause wird sie wieder mit Kindern zu tun haben. Für Kinder soll diese kleine Story sein. Aber nicht nur für Kinder!

FUND 47: DIE GESCHICHTE VOM SCHIFF, DAS NICHT UNTERGING

Tagelang schon treffen sich Tom und Marcel am Strand. Fast immer zur gleichen Zeit. Vor Schulbeginn. Obwohl das Wetter alles andere als Strandwetter ist. Die Brandung und der Wind. Nasskalt. Sie bleiben nur kurze Zeit, Tom und Marcel. Und schauen immer in dieselbe Richtung, schütteln die Köpfe und schon sind sie hinter der großen Düne verschwunden. Alle Tage wieder.

Was suchen sie nur – da draußen! Aber wer sich die Mühe macht, in die Richtung zu schauen, in die Tom und Marcel geschaut haben – kein Zweifel, nicht zu übersehen, da draußen liegt ein Schiff. Liegt es? Bewegt es sich? Kommt es näher? Die letzte Frage treibt die Jungs jeden Morgen hinaus an den Strand. Bisher nichts Neues am Horizont – dort, wo sich Wasser und Himmel berühren, dort, wo die Sonne aufgeht. Das Schiff scheint sich nicht von der Stelle zu rühren. Rätselhaft! Bei dieser Strömung und bei dieser Sturmstärke! Keine Bewegung?

Am 19. Tag ist es dann soweit. Tom und Marcel stehen wie versteinert.

Mit offenem Mund, aber sprachlos, starren sie in die gewohnte Richtung. Sie trauen ihren Augen nicht, obwohl sie jeden Tag darauf gewartet hatten: Das Schiff ist dem Ufer ein gutes Stück näher gekommen. Vielmehr freilich ist an diesem Morgen nicht zu beobachten. Sie müssen ja auch zur Schule. Nur ja nicht zu spät kommen. Zunächst wollen sie mit niemandem dieses Geheimnis teilen.

Am 23. Tag sind die Umrisse schon deutlicher zu erkennen, Heck und Bug, die Höhe des Mastes und die Form des Segels. Das ist alles, was sie erkennen können. Aber dass es auf sie zukommt, das steht für Tom und Marcel felsenfest.

Bereits einen Tag später, am 24. Tag, liegt das Schiff an Land. Gar nicht gewaltig. Und beim näheren Hinsehen erschrecken sie sogar leicht. Wie konnte es dieses Schiff überhaupt noch bis ans Ufer schaffen? Tom und Marcel denken über dieses Schiff, wie sie sonst über Autos denken: Totalschaden! Sie sind sich schnell einig – heute lassen wir es darauf ankommen: die Schule muss warten. Und sie kamen ja auch erst zwei- oder dreimal zu spät. Was soll's also. Jetzt gibt's Wichtigeres! Sie müssen das Schiff besichtigen. Das Schiff, das aussieht wie ein Wrack. Das Schiff, das aber trotz allem nicht schwankt und nicht kippt und nicht zerbrochen ist – als ob eine geheimnisvolle Kraft es daran hinderte, unterzugehen.

Jetzt stehen Tom und Marcel unmittelbar davor. Und nun erst sehen sie, mit welch unvorstellbarer Gewalt Stürme und Riffs, Wellen und Zeiten diesem Schiff übel mitgespielt haben mussten.

Vieles scheint hinüber zu sein. Hinübergespült. Alles, was nicht genügend Halt hatte. Von der Fassade ist nicht mehr viel zu sehen. Von irgendwelchem Schmuck ganz zu schweigen. Auch kein Hinweis auf eine Flagge. Die Bordwand ist an einigen Stellen erheblich durchlöchert. Und bis auf ein Segel (falls es da noch andere gegeben haben sollte), ist nichts Bewegliches mehr an Deck. Aber das Segel! Aus welchem Stoff mag es sein? Dass es überhaupt überlebt hat! Und was muss das für ein Anker sein, der das Schiff festhält. Marcel und Tom werden mutiger. Vor lauter Neugier natürlich. Marcel klettert als Erster hoch und zieht Tom nach. Über die Bordkante werfen sie einen ersten Blick ins Schiffsinnere. Fast enttäuscht müssen sie feststellen: Da gibt es ja gar nicht viel zu entdecken. Zunächst jedenfalls nicht. Es ist ungewöhnlich still. Dann zieht es sie geradezu auf Deck. Und nun kommen merkwürdige Dinge in ihren Blick Wie lange sie, ohne ein Wort zu sprechen, auf Deck hin- und herschlurften, bis sie sich trauten, die Treppe hinunterzusteigen – keiner kann es hinterher genau sagen. Da unten ist es nicht hell. Aber es ist licht. Genaueres ist von der Treppe aus nicht zu beobachten. Aber zu hören ist erstaunlich viel. Nicht laut. Eher fremd. Aber auf eine besondere Weise schön. Es scheinen Stimmen in ungezählten Sprachen zu sein. Manche Worte kehren immer wieder. Fast so wie in der Kirche bei der Liturgie, denkt Tom. Wie viele Menschen müssen das sein!

Die beiden steigen weiter nach unten. Und dann ist es, als träumten sie. Wenn sie davon ihren Kameraden erzählen, werden die sie für verrückt erklären. So unglaublich ist das alles.

Marcel sieht ein Buch auf dem Boden liegen. Er will es aufheben, aber es ist so schwer, dass er es nicht von der Stelle bewegen kann. Auch zu zweit geht es nicht. Was sie nicht wissen können: Selbst ihre gesamte Schulklasse würde das nicht fertig bringen. Was muss da drinstehen, wenn es ein solches Gewicht hat. Womöglich kommt deshalb das Schiff nicht ins Schleudern? Dann stolpert Tom beinahe über ein Gefäß. Aber er hätte sich eher die Zehe verbogen, als dass er das Gefäß (ein unendlich wertvoller alter Kelch muss das sein) hätte zum Kippen bringen können. Es muss ein ähnliches Gewicht haben wie jenes Buch dort drüben. Gibt es noch mehr, was diesem Schiff diese seltsame Stabilität verleiht? Dort die Dose. Dasselbe. Fest und schwer. Und wertvoll wie der Kelch. Kann das wirklich sein, dass dieses Schiff auf diese Weise gehalten wird? Und was ist das schon wieder – sie sind inzwischen zu den Innenseiten der Schiffswand vorgedrungen. Halblaut rufen sie wie aus einem Munde: „Ach deshalb zerbricht hier nichts." Und sie zeigen sich gegenseitig die ganz unterschiedlich geformten Kreuze, mit denen die Planken und alles andere zusammengehalten worden sein muss. Und das Material? So etwas ist ihnen noch nie unter die Augen gekommen. „Ach deshalb", sagen sie, mehr zu sich. Aber immer noch aufgeregt. Die Zeit haben sie völlig vergessen.

Sie nähern sich wieder einer Treppe, die nach oben führt. Von irgendwoher glitzert es. Sie gehen der Sache nach. Da liegt ein Bild – total verstaubt. Aber unter dem Staub leuchtet es. Mit einem alten Lappen wischen sie das Bild frei. Ein wunderschönes Bild. Solche Bilder haben sie schon öfter gesehen: Mann und Frau, Kind und Krippe, und viel, viel Licht. Licht, das in den Raum strahlt. So als würde es von ganz oben kommen. Und auch hier ist es so – jeder Versuch, das Bild von der Stelle zu bewegen, ist vergeblich. Hat hier denn alles ein solch unermessliches Gewicht? Ja, offenbar hat es das. Aber diese Ladung, so scheint es, würde das Schiff in jedem Sturm bewahren.

Dann stehen sie wieder auf dem Strand.

Die Unterrichtszeit ist längst zu Ende. Nun haben sie tatsächlich das erste Mal unentschuldigt gefehlt. Können sie eigentlich was dafür?

Am nächsten Tag ziehen sie mit der ganzen Klasse hinaus zum Strand. Sie müssen es allen zeigen, wovon sie erzählt hatten. Sie können dieses Geheimnis nicht länger für sich behalten. Doch dann kommt es ganz anders. Das Schiff ist wie vom Erdboden verschwunden. Sie suchen den weiten Strand ab, finden aber nicht eine einzige Spur. Marcel und Tom kommen sich äußerst blöd vor. Da treten einige aus der Klasse zu ihnen und sagen: „Lasst mal. Wir haben doch eure wunderbare Geschichte. Die trägt keiner weg. Die wird auch keiner auslöschen. Und vielleicht kriegt die sogar mehr Gewicht als Geschichten sonst – diese ‚Geschichte vom Schiff, das nicht unterging'."

Und schon im Gehen fragen einige: „Wisst ihr eigentlich, wer das Schiff gesteuert hat?"

Auf dem Ärmelkanal

zwischen England und Frankreich

Shlomi denkt über Abschied nach

Auf dem Ärmelkanal lehnt Shlomi an der Reeling. Die kleine Lisa hat sich zu ihr gesellt. Es ist „Rückfahrt" von Irland über England und Frankreich nach Deutschland. Drei Wochen waren sie unterwegs und hatten viel erlebt. Lisa gehört zu den Jüngsten der Gruppe. Die Blicke unter dem schon abendlichen Himmel gehen hin und her. Mal zurück – da war England. Mal voraus – da ist Frankreich. Ob es denn in absehbarer Zeit wieder ein ähnliches Unternehmen geben wird? Ob es wieder nach Irland geht? Ob sie dabei sein kann?

Shlomi zögert mit der Antwort. Mit der unumstößlichen Antwort. Nein! Shlomis Fahrt – auch die über den Kanal – war die letzte. Shlomi fordert Lisa auf, diese Fähre als „Brücke" zu betrachten. Eine Brücke von einem Land zu einem anderen Land. Und es gäbe ja im Leben noch andere Brücken: von Jetzt nach Dann, von Hier nach Dort, von Mir zu Dir und Brücken in die Zukunft, Brücken in anderes Denken und in anderes Leben.

FUND 48: BRÜCKEN

Ich möchte gerne Brücke sein
Möchte verbinden
Links und rechts
Zeit und Raum
Stadt und Land
Kulturen und Kontinente
Traditionen und Positionen

Ich möchte gerne Brücke sein – wie Du – hier und dort
Möchte überwinden
Glaubensschranken
Altersgrenzen
Rassenkonflikte
Klassenunterschiede
Weltanschauungen

Ich möchte gerne Brücke sein – wie Du – fest und gut
Möchte verhindern
Trägheit
Blindheit
Kurzschlüsse
Bitteren Hass
Schnellen Neid
Giftige Antworten
Ich möchte gerne Brücke sein

Portugal
An der Guave

Shlomi spielt mit einer Schnecke

In einer Hütte nahe am Steilufer hat Shlomi ein besonderes – wohl auch einmaliges – Erlebnis: die Begegnung mit einer Schnecke. Wie immer, wenn Shlomi unterwegs ist, hat sie Musik dabei. Ohne Musik geht gar nichts. „Ein Leben ohne Musik ist ein Irrtum", sagt Nietzsche. Heute lässt Shlomi wieder einmal ihren geliebten Bach erklingen. Eines von den Brandenburgischen Konzerten legt sie auf, das in F-Dur. Es passt irgendwie in dieses Ambiente. Kaum zu glauben. Und da geschieht etwas Erstaunliches. Shlomi entdeckt eine Schnecke im Raum und nimmt sie in ihre Hand und bringt sie in die Nähe der Musik. Nach einer Weile kommt das niedliche Tier aus seinem Haus. Immer weiter. Bald steht die Schnecke fast senkrecht. Dann streckt sie ihre Fühler aus, bewegt sie und – fängt an zu tanzen. Unendlich unglaublich! Komisch und schön zugleich. Eine Schnecke tanzt nach einer Musik von Bach! Das hätte der Alte Meister mal erleben sollen! Oder schmunzelt er jetzt sogar?

Shlomi muss vor dem Einschlafen diese Begegnung, diesen inneren Dialog festhalten!

FUND 49: SCHWESTER SCHNECKE TANZT

Du Schwester
Ich wusste nicht, wie stark du bist. Wie wunderbar lebendig. Wie einmalig. Du hast mir mitgeteilt, wie viel Energie im Staunen liegt. Verborgen und doch offenbar.
Ich wusste nicht, was du kannst. Wie du tanzt. Wie du dich streckst. Wie du lachst. Deine Freude ist schöpferisch ansteckend. Deine Begeisterung hat viele Facetten. Deine Bewegungen sind einfach gekonnt.
Ich wusste nicht, was du in mir auslöst. Meine Verwandtschaft mit dir ist mehr als eine Entdeckung. Meine Beziehung zu dir hat von Anfang an eine ungeahnte Tiefe. Dass du mich berührst mit einem Fingerspitzengefühl der besonderen Art, ist ein Geschenk, das sich keiner wünschen kann, weil es unvorstellbar schön ist.

Ich wusste nicht, dass für dich BACH mehr ist als ein Bach, an dem du entlangwanderst. Dass er dich provoziert zu einer Ekstase, die in deinem Leben einem Orgasmus nicht unähnlich ist. Du musst BACH lieben wie ich. Seine Musik verbindet uns, obwohl uns sonst Welten trennen.

Ich wusste nicht, dass ein Geschöpf wie du einem Geschöpf wie ich so nahe kommen kann. Oder kommen will – aber das bleibt unser Geheimnis. Du hast mich auf deine Art umschlungen. Ich habe dich auf meine Art empfangen. Wir waren für Augenblicke eins. Hat solches Glück etwas mit meinem und deinem Gott zu tun?

Die Begegnung mit dir bleibt unvergesslich, lebenslang, abgrundtief. Momente, bei denen Himmel und Erde, Erde und Himmel übereinstimmen. Die Welt ist Klang. Und Schwingung ist Leben.

Danke!

Schottland
Am Ufer der Insel Iona

Shlomi sieht doppelt

Shlomi sieht einen doppelten Regenbogen. Sie hockt an der Ostküste der winzigen Insel Iona im Nordwesten Schottlands. Shlomi besucht ein Seminar über „Symbole der Christenheit". Ein hochinteressanter Streifzug durch antikes Denken und Empfinden. Ein Denken, das bis heute zu denken gibt! Symbole sowieso. Shlomi lebt seit Jahrzehnten mit Symbolen und wird es ganz sicher bis zuletzt tun. Vielleicht dann erst recht – wenn es über die „Schwelle" geht. Symbole machen alles im wahrsten Sinn des Wortes relativ und dadurch manches zweitrangig. Es ist eben nicht alles wichtig: was man so sehen und fassen, riechen und kaufen kann. Jenseits von dem allen gibt es das „Eigentliche Leben". Symbole sind ein Weg dahin.

Der doppelte Regenbogen am Inselufer wird zu einem ganz besonderen Symbol. Wenn der nicht provoziert zu Reflexion und Meditation! Wenn der nicht in Lob und Dank mündet! Wenn der nicht lebendig macht!

FUND 50: ANGESICHTS DER UNENDLICHKEIT

Das Regenbogen-Lob

Gelobt sei
Der Boden unter den Füßen
Die Gegenwart des Geistes
Das Dach über dem Kopf

Gelobt sei
Die Bereitschaft zur Verantwortung
Das Licht am Ende des Tunnels
Das Brot in der Hand

Gelobt sei
Die Heiterkeit des Glaubens
Die Treue von Freunden
Das Auge des Herzens

Gelobt sei
Das endgültige Ja zum Leben
Der Durst nach Gerechtigkeit
Der Hunger nach Frieden

Gelobt sei
Das Gedächtnis der Seele
Der lange Atem der Liebe
Die Geduld des Anfangs
Und
Die Hoffnung über jedes Grab hinaus

Gelobt sei der viele Male einmalige Gott

Das Nonplusultra

Ewigkeit ist die einzige Lebensform ohne Unmöglichkeiten

Shlomi
ist innerstes Gegenüber und geistiges Double,
das verlässliche Du im Ich, unsichtbare Partnerin
zu jeder Zeit an jedem Ort.
Shlomi
ist das, was noch kein Mensch definiert hat
und was doch ganz real ist.

Gottfried Schleinitz (geb. 1938)

Theologe (Studium und Promotion in Leipzig),
Jugendpfarrer in Leipzig, Gemeindepfarrer in Wilkau-Haßlau
und Leipzig-Wahren,
Studienleiter am Predigerseminar Leipzig,
Seelsorgeberater, Supervisor (Deutsche Gesellschaft für
Pastoralpsychologie);
verheiratet seit fast 60 Jahren, vier Kinder, fast 30 Enkel und Urenkel,
lebt in Leipzig